AI 기반 브랜드 평판 관리

[지은이]

박홍식 평판커뮤니케이션연구소 소장

성균관대학교 신문방송대학원에서 언론학 박사학위를 취득하고, 평판커뮤니케이션 분야의 전문성을 인정받았다. 14년간 오리콤, 동방기획 등 국내 주요 광고대행사에서 광고 기획자로 활동하며 기업 마케팅의 현장을 경험했다. 또한 방송통신심의위원회 심의국장, 종합유선방송위원회 지원부장 등을 역임하며 방송정책과 심의 분야에서 풍부한 행정 경험을 쌓았다.

고려대학교 언론대학원 초빙교수로 활동하였고, 현재 평판커뮤니케이션연구소 소장이자 마케팅 커뮤니케이션과 평판 관리 분야의 학술적, 실무적 연구를 이어가고 있다. 1989년 《풍(알고 보면 불쌍한 사람들)》을 시작으로 《사랑과 성공에는 리듬이 있다》(1991), 《놀태크》(1997) 등 인문 사회 분야의 저서를 출간했으며, 평판 관리 전문가로서 《평판 관리》(2016), 《평판이 미래다》(2020), 《나를 마케팅하라》(2021), 《미디어로 브랜딩하라》(2024) 등 기업과 개인의 평판 관리와 브랜딩에 관한 다수의 실용서를 집필했다.

디지털 시대의 평판 관리와 브랜드 커뮤니케이션 전략에 대한 깊은 통찰력을 바탕으로, 기업과 개인의 지속 가능한 성장을 위한 컨설팅과 교육에 전념하고 있다. 특히 전통적 마케팅 커뮤니케이션과 디지털 미디어의 융합적 접근을 통해 새로운 평판 관리 패러다임을 제시하는 데 주력하고 있다.

김광수 캐롤라인대학교 한국총장

제주도 한림읍 출신으로, 서경대학교에서 경영학 석·박사 학위를 취득하였다. 한국전력공사에서 10년간 실무 경험을 쌓은 후 엠전략시스템(주) 부사장, 엠파트너스 경영컨설팅 대표를 역임하며 경영 전문성을 키워왔다. 현재 미국 캐롤라인대학교 한국 담당 총장으로 재직 중이며, 서울미디어대학원대학교 총장을 역임했다. 제주대학교, 한남대학교, 서경대학교 겸임교수와 한국열린사이버대학교 특임교수 등 교육계에서 활발한 활동을 하고 있다.

(사)창의소프트웨어센터 이사장, (사)한국중장년고용협회 부회장, 학교법인 서울미디어대학원대학교 이사, 복지법인 석문복지재단 이사장 등 다양한 사회공헌 활동을 수행하고 있다. 또한 국가인적자원개발 인증심사원, 고용노동부 CEO 혁신 코치, 중소벤처기업부 경영컨설턴트, 한국산업인력공단 NCS 전문위원 등으로 활동하며 국가 인적자원 개발과 기업 혁신에 기여하고 있다.

국민건강보험공단 자문위원, 한국저작권위원회 전문컨설턴트로서 공공부문 발전에도 이바지하고 있으며, 국제로타리 3640지구 사무총장 및 연수위원장을 맡아 국제교류 증진에도 힘쓰고 있다. 저서로는 《인간관계론》(2011, 도서출판청람), 《자기관리론》(2022, 와일드북스), 《탄소중립 ESG경영》(2023, 오케이미디어그룹)이 있다. 4차 산업혁명 시대의 교육 혁신과 지속 가능한 경영, 인재 양성에 대한 깊은 전문성을 바탕으로 미래 인재 육성과 사회 발전에 기여하고 있다.

조연심 MU 대표이사

퍼스널 브랜드의 시조새라고 불리며, 지식소통가로 활약하고 있다. 모든 사람은 '지식'이고, 그들을 적재적소에 연결할 때 조연심은 그것을 '소통'이라 부른다. 스스로를 고용하고 해마다 새로운 책을 내고 자신의 능력과 재능을 온·오프라인에 연결하며 포트폴리오를 만들어온 지 15년째, '조연심'은 자신의 이름 그대로를 브랜드로 만들었다.

개인 브랜딩 전문가로 수백 명의 사람들이 자신만의 퍼스널 브랜드를 찾을 수 있도록 도왔다. 퍼스널브랜딩그룹 MU 대표이사, 작가, 강사, 토크쇼 MC, 칼럼니스트로 활약하고 있으며, 이를 통해 수많은 리더의 개인 브랜딩을 컨설팅하고 기업의 상품과 서비스로까지 그 영역을 확대해 가고 있다. 현재 퍼스널 브랜드대학 책임교수이자 네이버TV와 오디오클립 '당신브랜드연구소'를 운영하며 사단법인 '출산육아교육협회' 홍보위원장을 역임하고 있고, '클래스101', '오마이스쿨' 외에도 틈틈이 브랜드 특강과 컨설팅, 방송 활동을 하며, 여성 및 청년, CEO들의 멘토로도 활약하고 있다.

지은 책으로는 《퍼스널 브랜딩에도 공식이 있다》, 《AI 퍼스널 브랜딩 2.0 혁명: 감으로 하는 브랜딩은 끝났다》, 《청소년을 위한 300프로젝트(공저)》, 《나를 증명하라》, 《과정의 발견》, 《300프로젝트(공저)》, 《나는 브랜드다》, 《여자, 아름다움을 넘어 세상의 중심에 서라》, 《퍼스널 브랜드로 승부하라(공저)》, 《여자의 자존감(공저)》, 《나의 경쟁력(공저)》, 《M리더십》이 있다.

정진혁 퀀텀인류학 유니버스 대표

정진혁은 LG전자 글로벌 PM 출신으로, 현재 캐롤라인대학 경영학과와 숙명여자대학교에서 교수로 PBL과 인공지능 리터러시 교육을 담당하고 있다. 영덕군 정책자문위원, 농식품유통공사를 비롯한 다수의 지자체와 공공기관에서 자문을 수행하며, 중소기업진흥원 등에서 50개 이상의 기업 마케팅 코칭, 제주도의 50개 이상의 6차산업 기업 비즈니스 코칭, 다수의 지자체에서 정책, 교육 컨설팅을 수행하였다.

국가미래연구원에서 대통령정책 연구를 수행하였으며, 인공지능과 빅데이터 분야의 선도적 연구자로서 AI 메타인지, AI 콘텐츠 개발, AI 연관 융합 방법론 등의 선구자적 역할을 하고 있다. 특히 인간의 고유성과 인공지능의 장점을 활용한 AI 큐레이션과 퍼시리테이션이라는 최초 개념을 도입하여 BM 저작권을 획득하는 등 혁신적인 연구 성과를 이루었다. 다양한 융합 분야의 지식과 경험을 바탕으로 인공지능과 인간의 협업 방법론을 연구하며, 이를 실제 현장에 적용하고 있다. 특히 AI 기술의 실용적 적용에 중점을 두어 40여 권의 인공지능 기반 서적을 출판하였으며, 실제 사례를 중심으로 한 인공지능 비즈니스 100시리즈는 현장에서 큰 호응을 얻고 있다.

인공지능 시대의 새로운 패러다임을 제시하며 산업계와 학계를 넘나드는 폭넓은 활동을 펼치고 있다. 그의 연구는 AI 기술의 실용적 활용뿐만 아니라 인간과 AI의 상생적 발전 방향을 모색하는 데 초점을 맞추고 있다. 지자체와 기업의 디지털 전환을 주도하며, AI 시대의 혁신적 변화를 이끌어가는 새로운 시대의 지성으로 주목받고 있다.

◀ 사진 좌로부터 박홍식 김광수 조연심 정진혁

나만의 브랜드 아이덴티티 만들기!
AI 기술과 데이터를 활용한 브랜드 평판 관리의
혁신적인 접근!

브랜드 평판은 생존을 위한 필수 자산!
RepTrak의 7가지 핵심 요소는
기업과 개인 모두에게 경쟁력을 제공한다!

AI 기반

브랜드

박흥식 김광수 조연심 정진혁
공저

평판

AI를 통한 선거 브랜딩 전략!
유권자의 심리 분석부터
메시지 전략 수립, 콘텐츠 제작까지
후보자의 이미지를 설계하는
도구로 활용된다.

관리

HCbooks

서문

디지털 혁명이 가속화되는 현대 사회에서 평판은 단순한 이미지 관리의 차원을 넘어 개인과 기업의 생존과 지속 가능성을 좌우하는 핵심 자산으로 자리 잡았다. 클릭 몇 번으로 브랜드의 명성이 상승하거나 추락할 수 있는 시대, 평판 관리의 중요성은 그 어느 때보다 커지고 있다. 이제 평판은 단순히 대중의 인식에 머무르지 않고 소비자, 투자자, 직원 등 이해관계자들과의 신뢰와 존경을 기반으로 한 장기적인 관계 형성을 의미한다. 이 책은 AI 기술과 데이터를 활용한 브랜드 평판 관리의 혁신적인 접근법을 통해 개인과 기업이 디지털 시대에서 어떻게 신뢰를 구축하고 유지할 수 있는지를 탐구한다.

평판 관리의 중요성은 단순히 기업에만 국한되지 않는다. 개인 역시 자신의 고유한 정체성을 정의하고 이를 기반으로 한 퍼스널 브랜딩을 통해 사회적, 직업적 가치를 창출해야 하는 시대에 살고 있다. LinkedIn, Instagram, YouTube와 같은 디지털 플랫폼은 개인이 자신의 경력과 성취를 전 세계에 알릴 기회를 제공하며, 이는 새로운 직업 기회와 네트워킹으로 이어진다. 그러나 이러한 기회는 체계적인 전략 없이는 지속 가능하지 않다. 이 책은 AI 기반 데이터 분석과 생성형 AI 도구를 활용해 개인과 기업이 자신의 브랜드를 체계적으로 구축하고 성장시키는 방법을 제안한다.

　AI는 평판 관리의 판도를 바꾸고 있다. 과거에는 여론조사나 설문조사를 통해 소비자의 의견을 파악했다면, 이제는 AI가 소셜 미디어와 리뷰 데이터를 실시간으로 분석하여 대중의 감정을 예측하고 위기를 사전에 방지할 수 있다. 예를 들어, Brandwatch와 같은 도구는 특정 브랜드에 대한 긍정적·부정적 언급을 실시간으로 모니터링하며, ChatGPT와 같은 생성형 AI는 부정적인 상황에서 신속하게 대응 메시지를 작성하는 데 활용된다. 이러한 기술은 단순히 시간을 절약하는 것을 넘어 평판 관리를 데이터 기반 과학으로 전환하며 효율성과 정확성을 극대화한다.

　기업뿐만 아니라 개인도 AI 기술을 활용해 자신의 브랜드를 강화할 수 있다. 조연심의 7D 퍼스널 브랜딩 모델은 Discover Myself(정체성 발견)부터 Dynamize(지속 가능한 운영)까지 체계적이고 반복 가능한 구조로 설계되었다. 예를 들어, 한 은퇴 공무원은 Notion AI를 활용해 자신의 경력과 성과를 체계적으로 정리한 포트폴리오를 제작했으며, 이를 바탕으로 강연 요청을 받아 새로운 커리어를 시작했다. 또한, ChatGPT는 블로그 글이나 소셜 미디어 게시물을 작성하는 데 활용되며, Canva Magic Design은 시각적 아이덴티티 구축을 지원한다. 이러한 도구들은 개인이 자신의 고유한 가치를 강조하고 이를 글로벌 무대에서 효과적으로 전달할 수 있도록 돕는다.

　AI는 또한 위기 상황에서 강력한 방어막 역할을 한다. 2025년 프랑스 대선에서는 AI가 소셜 미디어 데이터를 분석하여 특정 이슈가 급부상하는 것을 감지했고, 후보자는 이를 바탕으로 메시지를 수정해 지지율 하락을 방지할 수 있었다. 남아공 지방선거에서는 딥페이크 탐지 기술이 허위 정보를 차단하며 선거 신뢰도를 회복하는 데 기여했다. 이러한 사례들은 AI가 단순히 데이터를 처리하는 도구가 아니라 신뢰와 투명성을 강화하는 데 중요한 역할을 한다는 것을 보여준다.

디지털 시대에서 평판 관리는 단순한 선택이 아니라 필수 전략이다. 이는 소비자와 투자자뿐만 아니라 직원들과의 신뢰를 구축하고 유지하는 데 초점을 맞춘다. ESG(환경·사회·거버넌스) 경영과 같은 지속 가능한 활동은 기업 평판에 긍정적인 영향을 미치며, RepTrak 데이터는 ESG 활동이 투자 유치 가능성과 소비자 충성도를 높이는 데 중요한 역할을 한다고 강조한다. AI는 ESG 활동 모니터링에서도 활용되며, 기업이 환경적·사회적 책임을 다하고 있음을 투명하게 보여줄 수 있도록 돕는다.

개인 브랜드 관리에서도 스토리텔링은 중요한 역할을 한다. 사람들은 단순한 정보보다 이야기에 더 크게 공감하고 기억에 남는다. 예를 들어, 한 스타트업 창업자는 자신의 실패와 성공 사례를 중심으로 이야기를 구성해 투자자와 고객들에게 신뢰를 얻었다. 이러한 스토리텔링은 디지털 플랫폼에서도 강력하게 활용될 수 있으며, 청중과 정서적 연결을 형성하는 데 효과적이다.

이 책은 브랜드 평판 관리와 퍼스널 브랜딩의 모든 측면에서 AI 기술이 어떻게 혁신적인 가능성을 제공하는지를 탐구한다. 데이터 기반 의사 결정부터 글로벌 브랜딩 전략, 지역화(Localization), 그리고 메타버스에서의 브랜드 경험 설계까지 다양한 주제를 다루며 독자들에게 실질적인 실행 방안을 제시한다. 또한 성공적인 사례들을 통해 독자들이 자신의 상황에 맞는 전략을 적용할 수 있도록 돕는다.

마지막으로 독자들에게 질문을 던지고 싶다. 디지털 시대에서 당신의 브랜드는 어떻게 정의되고 있는가? 그리고 AI 기술을 활용해 당신의 평판 관리를 어떻게 혁신할 것인가? 이 책은 이러한 질문들에 대한 답을 찾기 위한 여정을 제공하며, 독자들이 새로운 시대에서 자신만의 경쟁력을 갖출 수 있도록 안내할 것이다. 지금부터 함께 탐구해 보자! 마지막으로 독자들에게 질문을 던지고 싶다. 디지털 시대에서 당신의 브랜드는 어떻게 정의되고 있는가? 그리고 AI 기술을 활용해 당신의 평판 관리를 어떻게 혁신할 것인가? 이 책은 이러한 질문들에 대한 답을 찾기 위한 여정을 제공하며, 독자들이 새로운 시대에서 자신만의 경쟁력을 갖출 수 있도록 안내할 것이다. 지금부터 함께 탐구해 보자!

목 차

파트1 AI 기반 브랜드 평판 관리 이론

【 목차 】

파트2: 개인 디지털 평판 브랜딩(퍼스널 브랜딩)

파트3: AI 선거 활용 전략

【 목차 】

AI 기반 브랜드 평판 관리

AI 기반
브랜드 평판
관리 이론

제**1**장

평판 관리의 시대적 중요성

1.1

디지털 시대에서
평판의 재정의

디지털 시대는 평판의 개념과 중요성을 근본적으로 재정의하고 있다. 과거에는 평판이 단순히 기업이나 개인의 이미지 관리에 국한되었지만, 오늘날에는 디지털 기술과 소셜 미디어의 발전으로 평판이 실시간으로 형성되고 전 세계적으로 확산된다. 클릭 한 번, 게시물 하나가 브랜드와 개인의 이미지를 바꿀 수 있는 시대에 평판은 단순한 선택이 아닌 생존을 위한 필수 전략으로 자리 잡았다. 특히, 미국의 평판연구소(RepTrak)가 제시하는 데이터와 이론은 현대 사회에서 평판 관리가 얼마나 중요한지를 명확히 보여준다.

RepTrak에 따르면, 평판은 단순히 대중의 감정적 반응을 넘어, 기업과 개인이 이해관계자들에게 어떻게 인식되고 평가되는지를 나타내는 종합적 지표이다. 이 연구소는 평판을 제품 및 서비스, 혁신, 거버넌스, 재무 성과, 비전과 리더십, 근무 환경, 사회적 책임이라는 7가지 핵심 요소로 정의한다. 이러한 요소들은 소비자와 투자자, 직원 등 다양한 이해관계자들이 브랜드를 평가하는 기준이 되며, 이는 기업의 시장 점유율, 투자 유치 가능성, 그리고 위기 상황에서의 회복력에 직접적인 영향을 미친다.

디지털 환경에서는 이러한 평판 요소들이 더욱 복잡하게 얽혀 있다.

소셜 미디어와 리뷰 플랫폼은 소비자의 의견을 즉각적으로 반영하며, 부정적인 정보는 순식간에 확산한다. 예를 들어, 2015년 폭스바겐 디젤 게이트 사건은 배출가스 조작이라는 기술적 결함보다 소비자의 신뢰를 저버린 결과로 주가가 단 3일 만에 30% 폭락했다. 이는 평판 관리 실패가 기업에 얼마나 치명적인 영향을 미칠 수 있는지를 보여주는 대표적인 사례이다. 반면, 스타벅스는 윤리적 원두 조달과 지역사회 공헌 활동을 통해 긍정적인 이미지를 유지하며 글로벌 브랜드로 자리 잡았다. 이처럼 디지털 시대에는 평판 관리가 단순히 외부 이미지를 관리하는 것을 넘어 내부 조직 문화와 일치된 신뢰를 구축하는 과정으로 확장되고 있다.

AI 기술은 이러한 평판 관리 방식을 혁신적으로 변화시키고 있다. 생성형 AI(GPT 등)는 실시간 데이터 분석과 감정 분석을 통해 소비자의 의견을 빠르게 파악하고 대응할 수 있도록 돕는다. 예를 들어, AI 기반 리뷰 분석 시스템은 부정적인 리뷰를 실시간으로 탐지하고 적절한 해결책을 제안할 수 있다. 이는 기업이 위기 상황에서도 신속하게 대응하여 신뢰를 유지할 수 있도록 지원한다. 또한, AI는 과거 데이터를 기반으로 잠재적 위기를 예측하고 사전에 대비할 수 있는 능력을 제공한다. 이러한 기술적 도구들은 기업이 변화하는 환경에 신속히 적응할 수 있도록 돕는다.

RepTrak의 연구에 따르면, 높은 평판 점수를 가진 기업은 낮은 점수를 가진 기업보다 두 배 이상의 시장 점유율을 차지하며, 위기 상황에서도 더 빠르게 회복된다. 이는 평판이 단순한 이미지 관리가 아니라 기업의 지속 가능성과 경쟁력을 결정짓는 핵심 자산임을 보여준다. 특히 디지털 시대에는 투명성과 진정성을 바탕으로 한 평판 관리가 더욱 중요하다. 소비자들은 단순히 제품이나 서비스를 구매하는 것이 아니라 브랜드가 제공하는 가치와 철학, 윤리적 책임을 평가한다. 따라서 평판 관리는 경쟁 우위를 확보하고 장기적인 성공을 이루기 위한 필수 요소로 자리 잡고 있다.

디지털 시대에서 평판 관리는 개인에게도 중요한 의미를 갖는다. 개인의 행동과 메시지는 소셜 미디어를 통해 기록되고 평가받으며, 이는 개인 브랜드 형성과 직결된다. 예를 들어, 일론 머스크는 테슬라와 스페이스X를 대표하는 개인 브랜드로 자리 잡았으며, 그의 혁신적이고 도전적인 이미지는 테슬라의 전기차 기술과 지속 가능성이라는 기업 가치를 대변한다. 그러나 그의 트위터 발언과 같은 논란은 종종 기업 이미지에 부정적인 영향을 미치기도 했다. 이는 개인의 평판 관리가 기업 전체에 얼마나 큰 영향을 미칠 수 있는지를 보여준다.

결론적으로 디지털 시대에서 평판은 단순한 외부 이미지 관리가 아니라 내부 조직 문화와 일치된 신뢰를 구축하는 과정이다. 이는 기업과 개인 모두에게 장기적인 성공을 보장하며 지속 가능한 발전을 위한 필수 전략으로 자리 잡고 있다.

 핵심 요약

디지털 시대에서 평판 관리는 생존을 위한 필수 전략이다. RepTrak의 연구는 제품 및 서비스 품질뿐만 아니라 혁신, 거버넌스, 사회적 책임 등 다양한 요소들이 종합적으로 작용하여 평판이 형성된다고 강조한다. AI 기술은 실시간 데이터 분석과 감정 분석을 통해 소비자 의견을 빠르게 파악하고 대응할 수 있도록 돕는다. 높은 평판 점수를 가진 기업은 경쟁 우위를 확보하고 위기 상황에서도 더 빠르게 회복된다.

1.2

평판이 기업과 개인의 생존을
좌우하는 이유

평판 은 기업과 개인의 성공과 생존을 결정짓는 가장 중요한 요소로 자리 잡고 있다. 이는 단순히 외부에서 보이는 이미지 이상의 의미를 가지며, 소비자, 투자자, 직원 등 다양한 이해관계자가 특정 브랜드나 개인에 대해 가지는 신뢰와 감정의 총체적 결과이다. 특히 디지털 시대에는 평판이 실시간으로 형성되고 확산하며, 이는 기업의 시장 점유율, 투자 유치 가능성, 그리고 위기 상황에서의 회복력에 직접적인 영향을 미친다.

미국의 평판연구소(RepTrak)의 연구에 따르면, 평판은 단순히 대중의 감정적 반응을 넘어 기업과 개인이 이해관계자들에게 어떻게 인식되고 평가되는지를 나타내는 종합적 지표이다. RepTrak은 평판을 제품 및 서비스, 혁신, 거버넌스, 재무 성과, 비전과 리더십, 근무 환경, 사회적 책임이라는 7가지 핵심 요소로 정의한다. 이 요소들은 소비자와 투자자, 직원 등 다양한 이해관계자들이 브랜드를 평가하는 기준이 되며, 이는 기업의 지속 가능성과 경쟁력을 결정짓는 데 중요한 역할을 한다.

평판은 단순히 현재의 성공뿐만 아니라 미래의 지속 가능성을 보장한다. RepTrak의 데이터에 따르면, 높은 평판 점수를 가진 기업은 낮은 점수를 가진 기업보다 두 배 이상의 시장 점유율을 차지하며, 위기 상황에서도 더 빠르게 회복된다. 이는 평판이 단순한 이미지 관리가 아니라 기업의 장기적인 생존 전략임을 보여준다. 특히 디지털 시대에는 투명성과 진정성을 바탕으로 한 평판 관리가 더욱 중요하다. 소비자들은 단순히 제품이나 서비스를 구매하는 것이 아니라 브랜드가 제공하는 가치와 철학, 윤리적 책임을 평가한다.

2015년 폭스바겐 디젤 게이트 사건은 평판 관리 실패가 기업에 얼마나 치명적인 영향을 미칠 수 있는지를 보여주는 대표적인 사례이다. 폭스바겐은 배출가스 조작이라는 기술적 결함보다 소비자의 신뢰를 저버린 결과로 주가가 단 3일 만에 30% 폭락했다. 이는 기술력이나 제품 품질만으로는 더 이상 소비자의 신뢰를 유지할 수 없음을 보여준다. 반면 스타벅스는 윤리적 원두 조달과 지역사회 공헌 활동을 통해 긍정적인 이미지를 유지하며 글로벌 브랜드로 자리 잡았다. 이처럼 평판 관리는 단순히 외부 이미지를 관리하는 것을 넘어 내부 조직 문화와 일치된 신뢰를 구축하는 과정으로 확장되고 있다.

디지털 환경에서는 클릭 한 번, 게시물 하나로 브랜드와 개인의 이미지가 형성된다. 소셜 미디어와 리뷰 플랫폼은 소비자의 의견을 즉각적으로 반영하며 부정적인 정보는 순식간에 확산한다. 따라서 기업과 개인은 데이터를 기반으로 한 실시간 모니터링과 대응 전략을 통해 평판을 관리해야 한다. AI 기술은 이러한 평판 관리 방식을 혁신적으로 변화시키고 있다. 생성형 AI(GPT 등)는 실시간 데이터 분석과 감정 분석을 통해 소비자의 의견을 빠르게 파악하고 대응할 수 있도록 돕는다. 예를 들어, AI 기반 리뷰 분석 시스템은 부정적인 리뷰를 실시간으로 탐지하고 적절한 해결책을 제안할 수 있다. 이는 기업이 위기 상황에서도 신속하게 대응하여 신뢰를 유지할 수 있도록 지원한다.

평판은 또한 개인에게도 중요한 의미를 갖는다. 개인의 행동과 메시지는 소셜 미디어를 통해 기록되고 평가받으며 이는 개인 브랜드 형성과 직결된다. 예를 들어 일론 머스크는 테슬라와 스페이스X를 대표하는 개인 브랜드로 자리 잡았으며 그의 혁신적이고 도전적인 이미지는 테슬라의 전기차 기술과 지속 가능성이라는 기업 가치를 대변한다. 그러나 그의 트위터 발언과 같은 논란은 종종 기업 이미지에 부정적인 영향을 미치기도 했다. 이는 개인의 평판 관리가 기업 전체에 얼마나 큰 영향을 미칠 수 있는지를 보여준다.

결론적으로 평판은 디지털 시대에서 생존과 성공을 위한 필수 자산이다. RepTrak이 제시하는 7가지 핵심 요소는 소비자와 이해관계자가 브랜드를 평가하는 기준이 되며 이는 기업과 개인 모두에게 경쟁력을 제공한다. 특히 투명성과 진정성을 바탕으로 한 평판 관리는 장기적인 성공과 지속 가능성을 보장하며 디지털 시대에서 가장 강력한 자산으로 자리 잡고 있다.

핵심 요약

평판은 디지털 시대에서 생존과 성공을 위한 필수 자산이다. RepTrak의 7가지 핵심 요소 (제품 및 서비스, 혁신, 거버넌스 등)는 소비자와 이해관계자가 브랜드를 평가하는 기준이 되며 이는 기업과 개인 모두에게 경쟁력을 제공한다. AI 기술은 데이터를 기반으로 한 실시간 모니터링과 감정 분석을 통해 평판 관리를 혁신적으로 변화시키고 있다.

1.3

RepTrak의 평판 모델: 데이터로 본 평판의 가치

미국의 평판연구소(RepTrak)는 평판을 과학적으로 분석하고 측정하는 데 있어 세계적으로 가장 권위 있는 기관 중 하나로 평가받는다. 이 연구소는 기업과 개인의 평판이 단순히 이미지나 감정적 반응에 그치지 않고, 실제적인 비즈니스 성과와 직결된다는 점을 강조하며, 이를 체계적으로 연구하고 있다. 특히 RepTrak은 평판을 측정하기 위한 7가지 핵심 요소를 제시하며, 이를 통해 기업과 개인이 자신의 강점과 약점을 파악하고 개선할 수 있도록 돕는다. 이 장에서는 RepTrak의 모델을 중심으로 평판의 가치를 데이터로 분석하며, 디지털 시대에서 평판 관리가 왜 더욱 중요해졌는지를 설명한다.

RepTrak 모델은 평판을 구성하는 7가지 요소로 제품 및 서비스, 혁신, 거버넌스, 재무 성과, 리더십, 근무 환경, 사회적 책임을 제시한다. 이 요소들은 각각 소비자와 이해관계자들이 브랜드를 평가하는 기준이 되며, 이는 기업의 시장 점유율, 투자 유치 가능성, 그리고 위기 상황에서의 회복력에 직접적인 영향을 미친다. 예를 들어, 제품 및 서비스는 소비자 만족도와 충성도를 결정짓는 핵심 요소로 작용하며, 혁신은 기업이 변화하는 시장 환경에 얼마나 잘 적응하고 있는지를 평가한다. 거버넌스는 투명성과 윤리성을 기반으로 한 신뢰를 형성하며, 사회적 책임은 ESG(환

경, 사회, 거버넌스) 경영과 같은 지속 가능성 활동을 통해 브랜드 가치
를 높인다.

RepTrak의 데이터에 따르면, 높은 평판 점수를 가진 기업은 낮은 점
수를 가진 기업보다 두 배 이상의 시장 점유율을 차지하며, 위기 상황에
서도 더 빠르게 회복된다. 이는 소비자와 투자자들이 신뢰할 수 있는 기
업에 더 많은 관심을 갖고 지지를 보내기 때문이다. 예를 들어, 스타벅스
는 윤리적 원두 조달과 지역사회 공헌 활동을 통해 높은 평판 점수를 유
지하고 있으며, 이는 매출 증가와 브랜드 신뢰도 강화로 이어졌다. 반면
폭스바겐 디젤 게이트 사건은 배출가스 조작이라는 기술적 결함보다 소
비자의 신뢰를 저버린 결과로 주가가 단 3일 만에 30% 폭락했다. 이는
RepTrak 모델이 제시하는 거버넌스와 사회적 책임 요소가 얼마나 중요
한지를 보여주는 사례이다.

디지털 시대에는 RepTrak 모델이 더욱 중요한 의미를 갖는다. 소셜
미디어와 리뷰 플랫폼은 소비자의 의견을 즉각적으로 반영하며 부정적
인 정보는 순식간에 확산된다. 따라서 기업과 개인은 데이터를 기반으
로 한 실시간 모니터링과 대응 전략을 통해 평판을 관리해야 한다. AI
기술은 이러한 평판 관리 방식을 혁신적으로 변화시키고 있다. 생성형
AI(GPT 등)는 실시간 데이터 분석과 감정 분석을 통해 소비자의 의견을
빠르게 파악하고 대응할 수 있도록 돕는다. 예를 들어, AI 기반 리뷰 분
석 시스템은 부정적인 리뷰를 실시간으로 탐지하고 적절한 해결책을 제
안할 수 있다. 이는 기업이 위기 상황에서도 신속하게 대응하여 신뢰를
유지할 수 있도록 지원한다.

RepTrak 모델은 또한 글로벌 시장에서 국가 이미지와 기업 경쟁력 간
의 관계를 분석하는 데도 활용된다. 국가 이미지는 해당 국가에서 생산
되는 제품이나 서비스를 넘어 관광, 투자, 문화 교류에도 직결된다. 예를

들어, 일본은 "Cool Japan" 캠페인을 통해 자국의 애니메이션, 패션, 음식 문화 등을 전 세계에 알리며 국가 이미지 개선에 성공했다. 이는 일본 기업들이 글로벌 시장에서 더 높은 신뢰도를 얻는 데 기여했다. 반면 국가 이미지가 부정적으로 형성될 경우 해당 국가 기업에 대한 투자나 제품 구매가 감소할 수 있다.

결론적으로 RepTrak 모델은 평판이 단순히 외부 이미지를 관리하는 것을 넘어 내부 조직 문화와 일치된 신뢰를 구축하는 과정임을 보여준다. 이는 기업과 개인 모두에게 장기적인 성공을 보장하며 지속 가능한 발전을 위한 필수 전략으로 자리 잡고 있다.

 핵심 요약

RepTrak 모델은 평판을 구성하는 7가지 핵심 요소(제품 및 서비스, 혁신 등)를 통해 기업과 개인이 자신의 강점과 약점을 파악하도록 돕는다. 높은 평판 점수는 소비자 충성도와 투자 유치 가능성을 높이며, 위기 상황에서도 빠른 회복력을 제공한다. 디지털 시대에는 소셜 미디어와 AI 기술이 이러한 평판 관리 방식을 더욱 정교하게 변화시키고 있다.

활용 가이드

평판 관리 전략

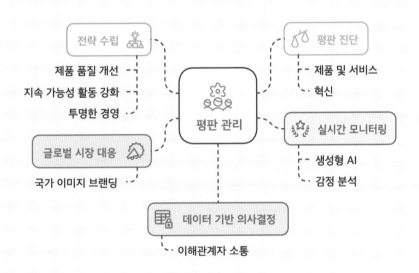

평판지수 진단:

RepTrak의 7가지 핵심 요소(제품 및 서비스, 혁신 등)를 기준으로 현재
자신의 평판 상태를 진단하고 개선 방향을 설정합니다.

AI 기반 실시간 모니터링:

생성형 AI 및 감정 분석 도구를 활용해 소셜 미디어 및 리뷰 데이터를
실시간으로 모니터링하여 부정적 트렌드를 조기에 발견합니다.

평판 요소별 전략 수립:

제품 품질 개선(제품 및 서비스), 지속 가능성 활동 강화(사회적 책임),
투명한 경영(거버넌스) 등 요소별 구체적인 실행 계획을 수립합니다.

글로벌 시장에서의 활용:

국가 이미지와 연계된 브랜딩 전략을 세워 글로벌 시장에서 경쟁력을
강화합니다.

데이터 기반 의사결정:

RepTrak 데이터를 활용해 의사결정을 내리고 이해관계자들과 효과적
으로 소통합니다.

제2장

브랜드 평판의
정의와
구성 요소

2.1

브랜드 평판이란
무엇인가?

브랜드 평판은 기업과 개인의 지속 가능성과 경쟁력을 결정짓는 핵심 자산으로, 단순한 외부 이미지 이상의 의미를 가진다. 이는 소비자, 투자자, 직원 등 다양한 이해관계자들이 특정 브랜드에 대해 가지는 신뢰와 감정의 총체적 결과로 정의된다. 디지털 시대에는 브랜드 평판이 실시간으로 형성되고 확산되며, 이는 기업의 시장 점유율, 투자 유치 가능성, 그리고 위기 상황에서의 회복력에 직접적인 영향을 미친다. 평판은 이제 단순히 선택이 아닌 생존을 위한 필수 조건이 되었다.

브랜드 평판은 단순히 제품이나 서비스의 품질만으로 형성되지 않는다. 이는 브랜드가 제공하는 가치와 철학, 윤리적 책임 등 다차원적인 요소들로 구성된다. RepTrak Institute(미국 평판연구소)는 브랜드 평판을 구성하는 7가지 핵심 요소를 제시한다. 이 요소들은 제품 및 서비스, 혁신, 거버넌스, 재무 성과, 리더십, 근무 환경, 사회적 책임으로 구성되며, 각각은 소비자와 이해관계자들이 브랜드를 평가하는 기준이 된다. 예를 들어, 제품 및 서비스는 소비자 만족도와 충성도를 결정짓는 핵심 요소로 작용하며, 혁신은 기업이 변화하는 시장 환경에 얼마나 잘 적응하고 있는지를 평가한다. 거버넌스는 투명성과 윤리성을 기반으로 한 신뢰를 형성하며, 사회적 책임은 ESG(환경, 사회, 거버넌스) 경영과 같은 지속 가능성 활동을 통해 브랜드 가치를 높인다.

브랜드 평판은 단순히 현재의 성공뿐만 아니라 미래의 지속 가능성을 보장한다. RepTrak의 데이터에 따르면 높은 평판 점수를 가진 기업은 낮은 점수를 가진 기업보다 두 배 이상의 시장 점유율을 차지하며, 위기 상황에서도 더 빠르게 회복된다. 이는 소비자와 투자자들이 신뢰할 수 있는 기업에 더 많은 관심을 갖고 지지를 보내기 때문이다. 예를 들어, 스타벅스는 윤리적 원두 조달과 지역사회 공헌 활동을 통해 높은 평판 점수를 유지하고 있으며, 이는 매출 증가와 브랜드 신뢰도 강화로 이어졌다. 반면 폭스바겐 디젤 게이트 사건은 배출가스 조작이라는 기술적 결함보다 소비자의 신뢰를 저버린 결과로 주가가 단 3일 만에 30% 폭락했다. 이는 브랜드 평판 관리가 단순한 이미지 관리가 아니라 기업의 생존과 직결된 전략임을 보여준다.

디지털 시대에는 브랜드 평판 관리가 더욱 복잡해지고 중요해졌다. 소셜 미디어와 리뷰 플랫폼은 소비자의 의견을 즉각적으로 반영하며 부정적인 정보는 순식간에 확산된다. 따라서 기업과 개인은 데이터를 기반으로 한 실시간 모니터링과 대응 전략을 통해 평판을 관리해야 한다. AI 기술은 이러한 평판 관리 방식을 혁신적으로 변화시키고 있다. 생성형 AI(GPT 등)는 실시간 데이터 분석과 감정 분석을 통해 소비자의 의견을 빠르게 파악하고 대응할 수 있도록 돕는다. 예를 들어 AI 기반 리뷰 분석 시스템은 부정적인 리뷰를 실시간으로 탐지하고 적절한 해결책을 제안할 수 있다. 이는 기업이 위기 상황에서도 신속하게 대응하여 신뢰를 유지할 수 있도록 지원한다.

브랜드 평판은 또한 이해관계자들과의 관계 형성을 통해 강화된다. RepTrak 연구에 따르면 높은 평판 점수를 가진 기업은 소비자뿐만 아니라 투자자와 직원들로부터도 긍정적인 평가를 받는다. 이는 단순히 외부 이미지를 관리하는 것을 넘어 내부 조직 문화와 일치된 신뢰를 구축하는 과정으로 확장된다. 내부 평판이 좋은 기업일수록 외부 평판도 긍정적으로 유지되며, 이는 위기 상황에서도 강력한 방어막 역할을 한다.

결론적으로 브랜드 평판은 단순한 외부 이미지 관리가 아니라 내부 조직 문화와 일치된 신뢰를 구축하는 과정이다. 이는 기업과 개인 모두에게 장기적인 성공을 보장하며 지속 가능한 발전을 위한 필수 전략으로 자리 잡고 있다.

 핵심 요약

브랜드 평판은 소비자와 이해관계자가 특정 브랜드에 대해 가지는 신뢰와 감정의 총체적 결과이다. RepTrak Institute는 제품 및 서비스, 혁신, 거버넌스 등 7가지 핵심 요소를 통해 브랜드 평판을 측정하며, 높은 평판 점수는 시장 점유율 증가와 위기 상황에서 회복력을 제공한다. 디지털 시대에는 소셜 미디어와 AI 기술이 이러한 평판 관리를 더욱 정교하게 변화시키고 있다.

2.2

RepTrak의 7가지 핵심 요소
(제품, 혁신, 거버넌스 등)

브랜드 평판은 단순히 외부 이미지 관리에 그치지 않고, 기업의 지속 가능성과 경쟁력을 결정짓는 중요한 자산이다. 이를 체계적으로 분석하고 관리하기 위해 미국의 평판연구소(RepTrak)는 브랜드 평판을 구성하는 7가지 핵심 요소를 제시한다. 이 요소들은 소비자와 이해관계자들이 브랜드를 평가하는 기준이 되며, 기업의 시장 점유율, 투자 유치 가능성, 그리고 위기 상황에서의 회복력에 직접적인 영향을 미친다.

첫 번째 요소는 제품 및 서비스이다. 이는 브랜드가 제공하는 제품이나 서비스의 품질, 신뢰성, 그리고 고객 만족도를 포함한다. 소비자들은 제품이나 서비스가 기대치를 충족하거나 초과할 때 브랜드에 대한 긍정적인 감정을 형성한다. 예를 들어, 애플은 혁신적이고 고품질의 제품을 지속적으로 제공함으로써 높은 소비자 만족도를 유지하고 있다. 이러한 제품 및 서비스 품질은 브랜드 평판의 가장 기본적인 구성 요소로 작용한다.

두 번째 요소는 혁신이다. 혁신은 기업이 변화하는 시장 환경에 얼마나 잘 적응하고 있는지를 평가하는 중요한 기준이다. 혁신적인 기업은 새로운 기술과 아이디어를 통해 소비자들에게 더 나은 가치를 제공하며,

이는 브랜드 신뢰도와 충성도를 강화한다. 예를 들어, 테슬라는 전기차 시장에서 혁신을 선도하며 지속 가능성과 기술력을 강조하여 글로벌 시장에서 강력한 브랜드 이미지를 구축했다.

세 번째 요소는 거버넌스이다. 거버넌스는 투명성과 윤리성을 기반으로 한 신뢰를 형성하며, 이는 기업이 이해관계자들에게 얼마나 책임감 있게 행동하는지를 평가한다. 투명한 의사결정 과정과 윤리적 경영은 소비자와 투자자들에게 긍정적인 신호를 보내며, 이는 장기적인 평판 관리에 필수적이다. 반대로 부정적 거버넌스 사례는 평판에 치명적인 영향을 미칠 수 있다. 예를 들어, 폭스바겐 디젤 게이트 사건은 거버넌스 실패로 인해 기업 신뢰도가 급격히 하락한 사례로 꼽힌다.

네 번째 요소는 재무 성과이다. 재무 성과는 기업이 얼마나 안정적이고 수익성이 높은지를 보여주는 지표로, 투자자들에게 중요한 평가 기준이 된다. 안정적이고 긍정적인 재무 성과는 브랜드 신뢰도를 높이며, 이는 소비자와 투자자들의 지지를 끌어낸다. 반면 재무 불안정성은 브랜드 이미지에 부정적인 영향을 미칠 수 있다.

다섯 번째 요소는 리더십이다. 리더십은 기업의 비전과 전략을 제시하고 이를 실행하는 능력을 평가한다. 성공적인 리더십은 브랜드 이미지를 강화하며, 내부 조직 문화와 외부 이해관계자들 간의 신뢰를 구축한다. 예를 들어, 스타벅스의 하워드 슐츠는 윤리적 경영과 사회적 책임을 강조하며 기업의 긍정적인 이미지를 구축한 대표적인 사례로 꼽힌다.

여섯 번째 요소는 근무 환경이다. 근무 환경은 직원들이 얼마나 만족하고 자부심을 느끼며 일하는지를 평가하는 기준이다. 내부 평판이 좋은 기업일수록 외부 평판도 긍정적으로 유지되며, 이는 위기 상황에서도 강력한 방어막 역할을 한다. 직원들이 자랑스럽게 느끼는 기업 문화는 외부 이해관계자들에게도 긍정적인 메시지를 전달한다.

마지막으로 일곱 번째 요소는 **사회적 책임(CSR)**이다. 사회적 책임은 ESG(환경, 사회, 거버넌스) 경영과 같은 지속 가능성 활동을 통해 브랜드 가치를 높인다. 소비자들은 단순히 제품이나 서비스를 구매하는 것이 아니라, 그들이 지지하는 브랜드가 사회적 가치를 창출하고 있는지 여부도 중요하게 평가한다. 예를 들어, 유니레버는 플라스틱 사용 감소와 친환경 제품 개발을 통해 지속 가능성을 강조하며 긍정적인 평판을 유지하고 있다.

RepTrak의 7가지 핵심 요소는 각각 독립적으로 작용하지만 상호 연관되어 있다. 예를 들어, 혁신과 제품 품질이 뛰어난 기업이라도 윤리적 경영(거버넌스)에서 실패하면 전체 평판 점수가 하락할 수 있다. 따라서 이 7가지 요소를 균형 있게 관리하는 것이 중요하다.

결론적으로 RepTrak의 7가지 핵심 요소는 브랜드 평판을 체계적으로 분석하고 관리할 수 있는 강력한 도구이다. 이 모델은 단순히 현재의 평판 상태를 진단하는 데 그치지 않고, 미래의 지속 가능한 성공을 위한 전략적 방향성을 제시한다.

핵심 요약

RepTrak의 7가지 핵심 요소(제품 및 서비스, 혁신, 거버넌스 등)는 브랜드 평판을 구성하는 주요 기준으로 작용하며, 각각 소비자와 이해관계자가 브랜드를 평가하는 데 중요한 역할을 한다. 이 요소들은 상호 연관되어 있으며 균형 잡힌 관리는 시장 점유율 증가와 위기 상황에서 회복력을 제공한다.

2.3

평판지수(Reputation Score)의 역할

평판지수 (Reputation Score)는 브랜드 평판을 측정하고 평가하는 데 있어 가장 중요한 도구 중 하나이다. 이는 소비자, 투자자, 직원 등 다양한 이해관계자들이 특정 브랜드를 어떻게 인식하고 평가하는지를 수치화한 지표로, 기업과 개인이 자신의 현재 위치를 객관적으로 파악하고 개선 방향을 설정할 수 있도록 돕는다. 특히 RepTrak Institute가 개발한 평판지수는 제품 및 서비스, 혁신, 거버넌스, 재무 성과, 리더십, 근무 환경, 사회적 책임이라는 7가지 핵심 요소를 기반으로 구성되어 있으며, 이는 브랜드 평판을 다차원적으로 분석하는 데 매우 효과적이다.

평판지수는 단순히 브랜드의 인지도나 호감도를 측정하는 것이 아니다. 이는 브랜드가 소비자와 이해관계자들에게 얼마나 신뢰받고 있는지를 구체적으로 보여주는 지표이다. 예를 들어, 높은 평판지수를 가진 기업은 소비자 충성도와 투자 유치 가능성이 높아지고, 위기 상황에서도 더 빠르게 회복할 수 있다. RepTrak의 데이터에 따르면 평판지수가 높은 기업은 낮은 기업보다 두 배 이상의 시장 점유율을 차지하며, 이는 단순한 이미지 관리가 아니라 실질적인 비즈니스 성과로 이어진다.

평판지수는 또한 기업의 강점과 약점을 파악하는 데 중요한 역할을 한다. 예를 들어, 한 기업이 제품 및 서비스 품질에서는 높은 점수를 받지만 거버넌스나 사회적 책임에서 낮은 점수를 받는다면, 이는 해당 기업이 윤리적 경영이나 지속 가능성 활동에서 개선이 필요하다는 것을 의미한다. 이러한 데이터는 기업이 자원을 어디에 집중해야 하는지를 명확히 보여주며, 전략적 의사결정을 내리는 데 중요한 기준이 된다.

디지털 시대에는 평판지수가 더욱 중요한 의미를 갖는다. 소셜 미디어와 리뷰 플랫폼은 소비자의 의견을 즉각적으로 반영하며, 부정적인 정보는 순식간에 확산된다. 따라서 기업은 실시간 데이터를 기반으로 평판지수를 지속적으로 모니터링하고 관리해야 한다. AI 기술은 이러한 과정에서 혁신적인 도구로 작용한다. 생성형 AI(GPT 등)는 소셜 미디어와 리뷰 데이터를 분석하여 소비자의 감정과 의견을 파악하고, 이를 기반으로 평판지수를 실시간으로 업데이트할 수 있다. 이는 기업이 변화하는 환경에 신속히 적응하고 적절한 대응 방안을 마련할 수 있도록 돕는다.

평판지수는 또한 글로벌 시장에서 국가 이미지와 기업 경쟁력 간의 관계를 분석하는 데도 활용된다. RepTrak의 국가별 평판 데이터는 각국의 브랜드와 산업이 글로벌 시장에서 어떻게 평가받고 있는지를 보여준다. 예를 들어, "Made in Germany"라는 라벨은 높은 기술력과 신뢰도를 상징하며 독일 기업들에 긍정적인 후광 효과를 제공한다. 반면 국가 이미지가 부정적으로 형성될 경우 해당 국가의 브랜드와 제품에 대한 신뢰도 역시 하락할 수 있다.

결론적으로 평판지수는 단순한 측정 도구가 아니라 전략적 의사결정을 지원하는 강력한 도구이다. 이는 기업과 개인이 자신의 현재 위치를 객관적으로 파악하고, 장기적인 성공을 위한 구체적인 실행 계획을 수립하도록 돕는다. 특히 디지털 시대에는 평판지수가 실시간으로 변화하므로 이를 지속적으로 모니터링하고 관리하는 것이 필수적이다.

핵심 요약

평판지수는 브랜드 평판을 측정하고 평가하는 핵심 지표로, 소비자와 이해관계자가 브랜드를 어떻게 인식하고 평가하는지를 수치화한다. 높은 평판지수는 소비자 충성도와 투자 유치 가능성을 높이며 위기 상황에서도 더 빠른 회복력을 제공한다. 디지털 시대에는 AI 기술을 활용해 실시간 데이터를 기반으로 평판지수를 모니터링하고 관리하는 것이 필수적이다.

활용 가이드

AI 기반 브랜드 평판 관리 프로세스

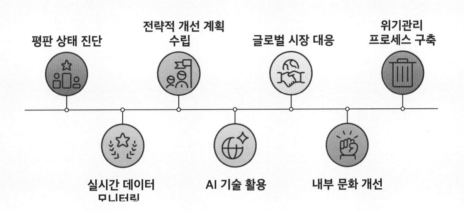

평판 상태 진단:

RepTrak의 7가지 핵심 요소(제품 및 서비스, 혁신 등)를 기준으로 현재 자신의 평판 상태를 진단합니다.

실시간 데이터 모니터링:

소셜 미디어와 리뷰 데이터를 분석하여 변화하는 트렌드와 부정적 이슈를 조기에 발견합니다.

전략적 개선 계획 수립:

낮은 점수를 받은 요소(예: 거버넌스나 사회적 책임)에 집중하여 개선 방안을 마련합니다.

AI 기술 활용:

생성형 AI와 감정 분석 도구를 통해 실시간으로 데이터를 분석하고 평판 변화를 추적합니다.

글로벌 시장 대응:

국가별 평판 데이터를 활용해 글로벌 시장에서 브랜드 신뢰도를 강화합니다.

내부 조직 문화 개선:

내부 평판과 외부 평판 간의 일치를 위해 조직 내 투명성과 윤리성을 강화하며 직원 만족도를 높입니다.

위기관리 프로세스 구축:

부정적 정보 확산 시 빠르고 일관된 메시지를 전달하기 위한 위기관리 매뉴얼을 마련합니다.

제3장

AI 기반 평판 관리의 혁신

3.1

AI와 빅데이터가
가져온 변화

디지털 시대는 평판 관리의 방식과 중요성을 근본적으로 변화시켰다. 과거에는 브랜드 평판이 주로 언론 보도나 소비자 경험에 의해 형성되고 관리되었다면, 오늘날에는 소셜 미디어, 리뷰 플랫폼, 검색 엔진 등 디지털 채널을 통해 실시간으로 형성되고 확산된다. 이러한 변화의 중심에는 AI(인공지능)와 빅데이터가 있다. AI와 빅데이터는 방대한 양의 데이터를 수집하고 분석하여 기업과 개인이 평판을 보다 정교하고 효과적으로 관리할 수 있도록 돕는다.

AI와 빅데이터는 평판 관리의 속도와 범위를 획기적으로 확장시켰다. 기존의 평판 관리 방식은 주로 사후 대응에 초점이 맞춰져 있었다. 그러나 AI 기술은 실시간 데이터를 분석하여 부정적인 트렌드를 조기에 감지하고, 이를 기반으로 사전 예방적 조치를 취할 수 있게 한다. 예를 들어, 소셜 미디어에서 특정 브랜드에 대한 부정적인 언급이 급증하면 AI 시스템이 이를 탐지하고 경고를 발송한다. 이는 기업이 위기 상황을 조기에 인식하고 신속히 대응할 수 있도록 돕는다.

빅데이터는 평판 관리의 정교함을 한 단계 끌어올렸다. 방대한 양의 소비자 리뷰, 댓글, 뉴스 기사 등을 분석함으로써 소비자 감정과 의견을 구체적으로 파악할 수 있다. 이러한 데이터는 기업이 소비자들이 무엇을

원하는지, 어떤 점에서 불만을 느끼는지를 이해하는 데 도움을 준다. 예를 들어, 특정 제품에 대한 부정적인 리뷰가 반복적으로 발생한다면, 이는 제품 품질 개선이나 고객 서비스 향상이 필요하다는 신호일 수 있다. 빅데이터 분석은 이러한 문제를 사전에 파악하고 해결 방안을 제시하는 데 유용하다.

AI 기술은 단순히 데이터를 분석하는 것을 넘어, 생성형 AI(GPT 등)를 통해 평판 관리의 새로운 가능성을 열어가고 있다. 생성형 AI는 위기 상황에서 공식 성명서 작성, 고객 응대 메시지 생성, 소셜 미디어 콘텐츠 제작 등 다양한 작업을 자동화할 수 있다. 이는 기업이 위기 상황에서도 빠르고 일관된 메시지를 전달할 수 있도록 지원한다. 예를 들어, 특정 브랜드가 부정적인 리뷰로 인해 위기를 겪고 있을 때, 생성형 AI를 활용해 진정성 있는 사과문과 해결 방안을 담은 메시지를 신속히 배포할 수 있다.

RepTrak Institute의 데이터에 따르면, AI와 빅데이터를 활용한 평판 관리는 기업의 시장 점유율과 소비자 충성도를 높이는 데 직접적인 영향을 미친다. 높은 평판 점수를 가진 기업은 소비자들로부터 더 많은 신뢰를 얻으며, 이는 매출 증가와 투자 유치로 이어진다. 반대로 디지털 환경에서 부정적인 정보가 확산될 경우, 기업은 신뢰를 잃고 심각한 재정적 손실을 입을 수 있다.

디지털 시대에는 투명성과 진정성이 더욱 중요해졌다. 소비자들은 단순히 제품이나 서비스를 구매하는 것이 아니라, 브랜드가 제공하는 가치와 철학, 윤리적 책임까지 평가한다. AI와 빅데이터는 이러한 소비자 요구를 충족시키기 위한 강력한 도구이다. 예를 들어, ESG(환경, 사회, 거버넌스) 경영 활동에 대한 데이터를 분석하여 소비자들에게 브랜드의 사회적 책임 이행 여부를 투명하게 공개할 수 있다.

결론적으로 AI와 빅데이터는 디지털 시대에서 평판 관리를 혁신적으로 변화시키고 있다. 이는 단순히 부정적인 정보를 억제하는 것을 넘어, 긍정적인 이미지를 강화하고 장기적인 신뢰를 구축하는 데 필수적인 도구로 자리 잡고 있다.

핵심 요약

AI와 빅데이터는 디지털 시대에서 평판 관리 방식을 혁신적으로 변화시키고 있다. 실시간 데이터 분석과 감정 분석을 통해 부정적 트렌드를 조기에 감지하고 대응할 수 있으며, 생성형 AI는 위기 상황에서 빠르고 일관된 메시지를 전달하도록 돕는다. 이러한 기술은 단순한 이미지 관리가 아니라 장기적인 신뢰 구축과 비즈니스 성과 향상에 기여한다.

3.2

생성형 AI(GPT 등)의
활용 사례

생성형 AI(GPT 등)는 평판 관리의 새로운 시대를 열고 있다. 과거 평판 관리는 주로 PR 전문가와 미디어의 역할에 의존했지만, 생성형 AI는 데이터 분석과 콘텐츠 생성 능력을 통해 평판 관리의 속도와 효율성을 획기적으로 개선하고 있다. 이는 단순히 부정적인 정보를 억제하거나 긍정적인 이미지를 확산하는 데 그치지 않고, 기업과 개인이 위기 상황에서도 신속하고 일관된 대응을 할 수 있도록 돕는다.

생성형 AI는 텍스트 데이터를 기반으로 자연스럽고 설득력 있는 콘텐츠를 생성할 수 있다. 예를 들어, 위기 상황에서 AI는 공식 사과문, 보도자료, 소셜 미디어 게시물 등을 빠르게 작성하여 기업이 대중과 소통할 수 있는 시간을 단축시킨다. 이는 특히 위기 초기 대응에서 중요한 역할을 한다. 예를 들어, 특정 브랜드가 부정적인 리뷰로 인해 소비자 불만이 급증한 상황에서 생성형 AI는 리뷰 데이터를 분석하고, 이를 기반으로 소비자들에게 진정성 있는 메시지를 전달할 수 있다. 이러한 신속한 대응은 부정적인 여론 확산을 방지하고 신뢰를 회복하는 데 큰 기여를 한다.

생성형 AI는 또한 개인화된 경험을 제공하는 데 강력한 도구로 작용한다. 기업은 AI를 활용해 소비자의 행동 데이터를 분석하고, 이를 바탕으로 맞춤형 메시지나 제품 추천을 제공할 수 있다. 예를 들어, 넷플릭스는 AI 알고리즘을 통해 사용자의 시청 기록과 선호도를 분석하여 개인화된 콘텐츠 추천 시스템을 구축했다. 이는 고객 만족도를 높이고 브랜드 충성도를 강화하는 데 중요한 역할을 한다. 이처럼 생성형 AI는 소비자와 브랜드 간의 정서적 연결을 강화하며, 이는 장기적인 평판 관리에 긍정적인 영향을 미친다.

RepTrak Institute의 데이터에 따르면, 생성형 AI는 평판 관리에서 실질적인 성과를 가져오는 데 중요한 역할을 한다. 높은 평판 점수를 가진 기업은 소비자와 투자자들로부터 더 많은 신뢰를 얻으며, 이는 매출 증가와 투자 유치로 이어진다. 반면 디지털 환경에서 부정적인 정보가 확산될 경우, 기업은 신뢰를 잃고 심각한 재정적 손실을 입을 수 있다. 생성형 AI는 이러한 위험 요소를 사전에 감지하고 대응할 수 있는 강력한 도구이다.

생성형 AI는 또한 다국어 지원 기능을 통해 글로벌 시장에서도 효과적으로 활용될 수 있다. 예를 들어, 글로벌 기업은 생성형 AI를 활용해 다양한 언어로 공식 성명서를 작성하거나 지역별 맞춤형 메시지를 전달할 수 있다. 이는 각 지역의 문화적 특성과 언어적 차이를 고려한 커뮤니케이션 전략을 가능하게 하며, 글로벌 시장에서 브랜드 신뢰도를 높이는 데 기여한다.

그러나 생성형 AI의 활용에는 윤리적 문제와 데이터 보호 이슈도 존재한다. 잘못된 데이터 학습이나 편향된 알고리즘은 부정확하거나 불공정한 결과를 초래할 수 있으며, 이는 브랜드 평판에 부정적인 영향을 미칠 수 있다. 따라서 기업은 생성형 AI를 활용할 때 데이터의 정확성과 윤리적 기준을 철저히 준수해야 한다.

결론적으로 생성형 AI는 평판 관리의 새로운 가능성을 열어가고 있으며, 이는 단순히 위기 상황에서의 대응뿐만 아니라 장기적인 신뢰 구축과 브랜드 가치를 강화하는 데 필수적인 도구로 자리 잡고 있다.

핵심 요약

생성형 AI(GPT 등)는 평판 관리에서 콘텐츠 생성과 데이터 분석 능력을 통해 효율성과 정교함을 제공한다. 이는 위기 상황에서 빠르고 일관된 메시지를 전달하며, 개인화된 경험 제공으로 소비자와 브랜드 간 정서적 연결을 강화한다. 다국어 지원 및 글로벌 커뮤니케이션 전략에도 강력한 도구로 작용하며, 윤리적 사용과 데이터 보호가 필수적으로 요구된다.

3.3

실시간 감정 분석과 위기 예측

디지털 시대에서 평판 관리는 실시간 데이터 분석과 위기 예측 능력을 통해 새로운 차원으로 진화하고 있다. 과거에는 평판 관리가 주로 사후 대응에 초점이 맞춰져 있었다면, 오늘날에는 AI와 빅데이터 기술을 활용해 부정적인 트렌드를 조기에 감지하고, 이를 기반으로 사전 예방적 조치를 취하는 방식으로 변화하고 있다. 이러한 변화는 기업과 개인이 신뢰를 유지하고 위기 상황에서도 빠르게 회복할 수 있는 능력을 제공한다.

실시간 감정 분석(Sentiment Analysis)은 소셜 미디어, 리뷰 플랫폼, 뉴스 기사 등 다양한 데이터 소스에서 소비자의 의견과 감정을 분석하는 기술이다. AI 기반 감정 분석 도구는 텍스트 데이터를 처리하여 긍정적, 부정적, 중립적 감정을 분류하고, 이를 통해 브랜드에 대한 대중의 인식을 파악한다. 예를 들어, 특정 브랜드에 대한 부정적인 언급이 급증하면, AI 시스템은 이를 탐지하고 경고를 발송한다. 이는 기업이 위기 상황을 조기에 인식하고 신속히 대응할 수 있도록 돕는다.

위기 예측(Predictive Analytics)은 과거 데이터를 기반으로 잠재적인 위험 요소를 식별하고 미래의 위기를 예측하는 기술이다. 예를 들어, 특정 키워드가 소셜 미디어에서 급격히 증가하거나 부정적인 리뷰가 반복적으로 발생한다면, 이는 위기의 징후일 수 있다. AI는 이러한 데이터를 분석하여 기업이 사전에 문제를 해결할 수 있는 기회를 제공한다. RepTrak Institute의 데이터에 따르면, 위기를 조기에 감지하고 대응한 기업은 그렇지 않은 기업보다 평판 점수가 더 높게 유지되며, 이는 소비자 충성도와 매출 증가로 이어진다.

실시간 감정 분석과 위기 예측은 단순히 데이터를 수집하는 것을 넘어, 이를 기반으로 실행 가능한 인사이트를 제공한다. 예를 들어, AI는 특정 제품에 대한 부정적인 리뷰가 반복적으로 발생할 경우, 해당 문제를 해결하기 위한 구체적인 조치를 제안할 수 있다. 이는 제품 품질 개선이나 고객 서비스 향상과 같은 실질적인 변화를 이끌어내며, 브랜드 신뢰도를 강화하는 데 기여한다.

디지털 시대에는 위기가 더욱 빠르게 확산될 수 있다. 소셜 미디어와 리뷰 플랫폼은 소비자의 의견을 즉각적으로 반영하며, 부정적인 정보는 순식간에 전 세계로 퍼질 수 있다. 따라서 기업은 실시간 데이터를 기반으로 한 위기관리 시스템을 구축해야 한다. 생성형 AI(GPT 등)는 이러한 과정에서 중요한 역할을 한다. 예를 들어, AI는 위기 상황에서 공식 성명서 작성이나 고객 응대 메시지 생성 등을 자동화하여 기업이 빠르고 일관된 메시지를 전달할 수 있도록 지원한다.

RepTrak의 연구는 실시간 감정 분석과 위기 예측이 평판 관리에서 얼마나 중요한 역할을 하는지를 보여준다. 높은 평판 점수를 가진 기업은 소비자와 투자자들로부터 더 많은 신뢰를 얻으며, 이는 매출 증가와 투자 유치로 이어진다. 반대로 디지털 환경에서 부정적인 정보가 확산될 경우, 기업은 신뢰를 잃고 심각한 재정적 손실을 입을 수 있다. 따라서 실시간 데이터 분석과 예측 기술은 현대 평판 관리의 필수 요소로 자리 잡고 있다.

결론적으로 실시간 감정 분석과 위기 예측은 디지털 시대에서 평판 관리를 혁신적으로 변화시키고 있다. 이는 단순히 부정적인 정보를 억제하는 것을 넘어, 긍정적인 이미지를 강화하고 장기적인 신뢰를 구축하는 데 필수적인 도구로 작용한다.

핵심 요약

실시간 감정 분석과 위기 예측은 디지털 시대에서 평판 관리의 핵심 도구이다. AI 기반 기술은 소셜 미디어와 리뷰 데이터를 분석하여 부정적 트렌드를 조기에 감지하고 대응하며, 위기를 예방할 수 있는 실행 가능한 인사이트를 제공한다. 이러한 기술은 단순한 이미지 관리가 아니라 장기적인 신뢰 구축과 비즈니스 성과 향상에 기여한다.

활용 가이드

AI 기반 브랜드 평판 관리 전략

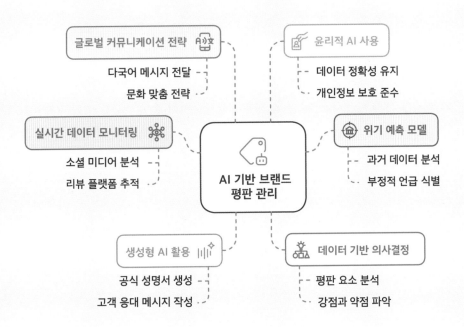

글로벌 커뮤니케이션 전략
- 다국어 메시지 전달
- 문화 맞춤 전략

윤리적 AI 사용
- 데이터 정확성 유지
- 개인정보 보호 준수

실시간 데이터 모니터링
- 소셜 미디어 분석
- 리뷰 플랫폼 추적

위기 예측 모델
- 과거 데이터 분석
- 부정적 언급 식별

AI 기반 브랜드 평판 관리

생성형 AI 활용
- 공식 성명서 생성
- 고객 응대 메시지 작성

데이터 기반 의사결정
- 평판 요소 분석
- 강점과 약점 파악

실시간 데이터 모니터링 도입

AI 기반 감정 분석 도구를 활용해 소셜 미디어, 리뷰 플랫폼, 뉴스 기사 등에서 소비자 의견을 실시간으로 추적합니다. 부정적 트렌드가 감지되면 즉각 경고를 받아 조기에 대응할 수 있도록 시스템을 구축합니다.

위기 예측 모델 활용

과거 데이터를 기반으로 잠재적 위기를 예측하는 AI 도구를 도입합니다. 특정 키워드나 부정적 언급이 급증할 경우, 이를 사전에 식별하고 대응 계획을 수립할 수 있습니다.

생성형 AI를 통한 신속한 대응

위기 상황에서 생성형 AI(GPT 등)를 활용해 공식 성명서, 고객 응대 메시지, 소셜 미디어 콘텐츠 등을 자동으로 생성하여 빠르고 일관된 메시지를 전달합니다.

데이터 기반 의사결정 강화

실시간 분석된 데이터를 활용해 평판 요소별(제품 및 서비스, 혁신, 거버넌스 등) 강점과 약점을 파악하고, 이를 바탕으로 전략적 개선 계획을 수립합니다.

다국어 및 글로벌 커뮤니케이션 전략

글로벌 시장에서 다국어 지원이 가능한 생성형 AI를 활용하여 각 지역의 문화와 언어에 맞춘 메시지를 전달함으로써 글로벌 브랜드 신뢰도를 강화합니다.

윤리적 AI 사용 및 데이터 보호 준수

AI 기술 활용 시 데이터의 정확성과 윤리적 기준을 준수하며, 개인정보보호 정책을 철저히 이행하여 소비자 신뢰를 유지합니다.

제4장

CEO 브랜딩과
리더십

4.1

CEO 명성과
기업 이미지 간의 상관관계

CEO 명성은 기업의 평판과 이미지를 형성하는 데 있어 결정적인 역할을 한다. 기업의 최고경영자는 단순히 조직을 운영하는 관리자 이상의 존재로, 기업의 가치와 비전을 대변하며, 대중과 이해관계자들에게 신뢰를 전달하는 핵심적인 인물이다. 특히 디지털 시대에는 CEO의 행동과 발언이 실시간으로 노출되고 평가되며, 이는 기업 전체의 이미지에 직접적인 영향을 미친다. CEO 명성과 기업 평판 간의 상관관계를 이해하는 것은 평판 관리 전략을 수립하는 데 있어 필수적이다.

RepTrak Institute의 연구에 따르면, CEO 명성은 기업 평판 점수의 약 45%에 영향을 미친다. 이는 CEO가 대중에게 얼마나 신뢰받고 존경받는지가 기업 전체의 이미지와 신뢰도에 직접적으로 반영된다는 것을 의미한다. 예를 들어, 애플의 팀 쿡은 개인정보 보호와 윤리적 경영을 강조하며 애플의 긍정적인 이미지를 강화한 사례로 꼽힌다. 그는 소비자와 투자자들에게 투명성과 진정성을 전달함으로써 애플이 혁신적이고 신뢰할 수 있는 브랜드로 자리 잡는 데 기여했다. 반면, 대한항공 오너 일가의 '갑질' 사건은 CEO 개인의 부정적인 행동이 어떻게 기업 전체의 평판을 훼손할 수 있는지를 보여주는 대표적인 사례이다. 이 사건은 대한항공의 주가 하락과 소비자 불매운동으로 이어지며 기업에 심각한 재정적 손실을 초래했다.

CEO 명성은 또한 내부 조직 문화와 직원들의 사기에 영향을 미친다. 내부 평판이 좋은 CEO는 직원들에게 동기부여를 제공하며, 이는 생산성과 창의성을 높이는 데 기여한다. 반대로, 내부 평판이 부정적인 CEO는 직원들의 사기를 저하시키고 조직 내 갈등을 유발할 수 있다. 이는 결국 외부 이해관계자들에게도 부정적인 영향을 미치며, 기업 전체의 평판 점수를 하락시킬 수 있다.

디지털 시대에는 소셜 미디어와 뉴스 플랫폼을 통해 CEO의 행동과 발언이 실시간으로 노출된다. 이는 CEO가 대중과 소통하고 신뢰를 구축할 수 있는 기회를 제공하지만, 동시에 부정적인 행동이 빠르게 확산될 위험도 내포하고 있다. 예를 들어, 일론 머스크는 테슬라와 스페이스X를 대표하는 혁신적인 리더로서 긍정적인 이미지를 구축했지만, 그의 트위터 발언은 종종 논란을 일으키며 테슬라 주가에 부정적인 영향을 미치기도 했다. 이는 디지털 환경에서 CEO가 자신의 행동과 메시지에 더욱 신중해야 함을 보여준다.

RepTrak 데이터는 높은 평판 점수를 가진 CEO가 이끄는 기업이 소비자 충성도와 투자 유치에서 더 높은 성과를 보인다는 것을 보여준다. 이는 CEO 명성이 단순히 개인 차원의 문제가 아니라, 기업 전체의 지속 가능성과 경쟁력을 결정짓는 중요한 요소임을 의미한다. 따라서 기업은 CEO 브랜딩 전략을 통해 최고경영자의 긍정적인 이미지를 강화하고, 이를 통해 기업 평판을 향상시킬 필요가 있다.

결론적으로 CEO 명성과 기업 이미지는 상호 밀접하게 연결되어 있다. 긍정적인 CEO 명성은 기업 평판을 강화하며, 이는 소비자 충성도와 투자 유치 가능성을 높이는 데 기여한다. 반면 부정적인 CEO 명성은 기업 전체에 치명적인 영향을 미칠 수 있다. 디지털 시대에는 이러한 상관 관계를 이해하고 효과적으로 관리하는 것이 더욱 중요해졌다.

핵심 요약

CEO 명성은 기업 평판과 이미지 형성에 중요한 역할을 한다. RepTrak 데이터에 따르면, CEO 명성은 기업 평판 점수의 약 45%에 영향을 미치며, 이는 소비자 충성도와 투자 유치 가능성을 높이는 데 기여한다. 디지털 시대에는 소셜 미디어와 뉴스 플랫폼을 통해 CEO의 행동과 발언이 실시간으로 노출되므로, 긍정적인 이미지를 유지하기 위한 전략적 관리가 필수적이다.

4.2

RepTrak 데이터로 본
CEO 신뢰도 영향력

CEO의 신뢰도는 기업의 평판과 성과에 있어 핵심적인 역할을 한다. RepTrak Institute의 데이터는 CEO 신뢰도가 기업 전체 평판 점수의 약 45%에 영향을 미친다고 분석하며, 이는 CEO가 단순히 조직을 운영하는 관리자 이상의 존재임을 보여준다. CEO는 기업의 비전과 가치를 대변하며, 대중과 이해관계자들에게 신뢰와 존경을 전달하는 중요한 역할을 맡는다. 특히 디지털 시대에는 CEO의 행동과 발언이 실시간으로 노출되고 평가되며, 이는 기업 전체의 이미지에 직접적인 영향을 미친다.

RepTrak 데이터는 CEO 신뢰도가 높은 기업이 소비자 충성도와 투자 유치 가능성에서 더 높은 성과를 보인다는 점을 강조한다. 예를 들어, 애플의 팀 쿡은 개인정보 보호와 윤리적 경영을 강조하며 애플의 긍정적인 이미지를 강화한 대표적인 사례로 꼽힌다. 그는 소비자와 투자자들에게 투명성과 진정성을 전달함으로써 애플이 혁신적이고 신뢰할 수 있는 브랜드로 자리 잡는 데 기여했다. 반면, 대한항공 오너 일가의 '갑질' 사건은 CEO 개인의 부정적인 행동이 어떻게 기업 전체의 평판을 훼손할 수 있는지를 보여주는 대표적인 사례이다. 이 사건은 대한항공의 주가 하락과 소비자 불매운동으로 이어지며 기업에 심각한 재정적 손실을 초래했다.

CEO 신뢰도는 또한 내부 조직 문화와 직원들의 사기에 큰 영향을 미친다. 내부 평판이 좋은 CEO는 직원들에게 동기부여를 제공하며, 이는 생산성과 창의성을 높이는 데 기여한다. RepTrak 데이터에 따르면, 내부 평판이 긍정적인 기업은 외부 평판도 긍정적으로 유지되며, 이는 위기 상황에서도 강력한 방어막 역할을 한다. 반대로, 내부 평판이 부정적인 CEO는 직원들의 사기를 저하하고 조직 내 갈등을 유발할 수 있다. 이는 결국 외부 이해관계자들에게도 부정적인 영향을 미치며, 기업 전체의 평판 점수를 하락시킬 수 있다.

디지털 시대에는 소셜 미디어와 뉴스 플랫폼을 통해 CEO의 행동과 발언이 실시간으로 노출된다. 이는 CEO가 대중과 소통하고 신뢰를 구축할 수 있는 기회를 제공하지만, 동시에 부정적인 행동이 빠르게 확산할 위험도 내포하고 있다. 예를 들어, 일론 머스크는 테슬라와 스페이스 X를 대표하는 혁신적인 리더로서 긍정적인 이미지를 구축했지만, 그의 트위터 발언은 종종 논란을 일으키며 테슬라 주가에 부정적인 영향을 미치기도 했다. 이러한 사례들은 디지털 환경에서 CEO가 자신의 행동과 메시지에 더욱 신중해야 함을 보여준다.

RepTrak 연구는 또한 CEO가 위기 상황에서 얼마나 효과적으로 대응하는지가 기업 평판에 큰 영향을 미친다는 점을 강조한다. 위기 상황에서 투명성과 진정성을 바탕으로 한 신속한 대응은 소비자와 이해관계자들의 신뢰를 유지하는 데 필수적이다. 예를 들어, 스타벅스는 인종차별 논란 이후 CEO가 직접 나서서 사과하고 재발 방지 대책을 발표함으로써 소비자 신뢰를 회복한 사례로 꼽힌다. 반면, 위기 상황에서 부적절한 대응은 기업 평판에 치명적인 영향을 미칠 수 있다.

결론적으로 RepTrak 데이터는 CEO 신뢰도가 기업 평판과 성과에 얼마나 중요한 영향을 미치는지를 명확히 보여준다. 긍정적인 CEO 명성은 소비자 충성도와 투자 유치 가능성을 높이며, 내부 조직 문화에도 긍정적인 영향을 미친다. 반면 부정적인 CEO 명성은 기업 전체에 치명적인 영향을 미칠 수 있다. 디지털 시대에는 이러한 상관관계를 이해하고 효과적으로 관리하는 것이 더욱 중요해졌다.

핵심 요약

RepTrak 데이터에 따르면, CEO 신뢰도는 기업 평판 점수의 약 45%에 영향을 미치며, 이는 소비자 충성도와 투자 유치 가능성을 높이는 데 기여한다. 디지털 시대에는 소셜 미디어와 뉴스 플랫폼을 통해 CEO의 행동과 발언이 실시간으로 노출되므로, 긍정적인 이미지를 유지하기 위한 전략적 관리가 필수적이다.

성공적인 CEO 브랜딩 사례

성공적인 CEO 브랜딩은 기업의 평판과 신뢰도를 강화하고, 대중과의 정서적 연결을 통해 기업의 가치를 극대화하는 데 중요한 역할을 한다. CEO는 단순히 기업의 운영을 책임지는 관리자 이상의 존재로, 브랜드의 철학과 비전을 대변하며, 소비자와 투자자들에게 신뢰와 영감을 전달하는 핵심 인물이다. 특히 디지털 시대에는 CEO의 행동과 메시지가 실시간으로 노출되고 평가되며, 이는 기업 전체의 이미지에 직접적인 영향을 미친다. 성공적인 CEO 브랜딩 사례는 이러한 환경에서 어떻게 리더가 기업의 명성을 높이고, 위기 상황에서도 신뢰를 유지할 수 있었는지를 보여준다.

스타벅스의 하워드 슐츠는 윤리적 경영과 사회적 책임을 강조하며 성공적인 CEO 브랜딩을 구축한 대표적인 사례로 꼽힌다. 그는 자신의 가난했던 어린 시절과 커피 산업에 대한 열정을 바탕으로, 스타벅스를 단순한 커피 브랜드가 아닌 "사람 중심"의 기업으로 자리 잡게 했다. 하워드 슐츠는 윤리적 원두 조달, 직원 복지 강화, 지역사회 공헌 등 다양한 CSR 활동을 통해 스타벅스가 소비자와 정서적으로 연결될 수 있는 기반을 마련했다. 특히, 그는 인종차별 논란이 발생했을 때 직접 나서서 사과하고, 재발 방지를 위한 직원 교육 프로그램을 도입함으로써 위기를 기회로 전환했다. 이러한 진정성 있는 대응은 스타벅스가 글로벌 시장에서 높은 평판 점수를 유지하는 데 기여했다.

테슬라와 스페이스X를 이끄는 일론 머스크는 혁신적이고 도전적인 리더십 스타일로 성공적인 CEO 브랜딩을 구축했다. 그는 전기차와 우주 탐사라는 두 가지 혁신적인 비전을 통해 테슬라와 스페이스X를 각각 지속 가능성과 기술 혁신의 상징으로 자리 잡게 했다. 일론 머스크는 소셜 미디어를 적극적으로 활용하여 대중과 직접 소통하며, 자신의 비전과 철학을 전달한다. 예를 들어, 그는 테슬라 차량의 자율주행 기술이나 스페이스X의 화성 탐사 계획에 대해 트위터를 통해 실시간 업데이트를 제공하며, 소비자와 투자자들에게 투명성과 열정을 전달한다. 그러나 그의 트위터 발언이 종종 논란을 일으키며 테슬라 주가에 부정적인 영향을 미친 사례도 있다. 이는 성공적인 CEO 브랜딩이 긍정적인 효과뿐만 아니라 위험 요소도 내포하고 있음을 보여준다.

마이크로소프트의 사티아 나델라는 디지털 전환 시대에 마이크로소프트를 성공적으로 이끈 리더로 평가받는다. 그는 클라우드 컴퓨팅 기술에 집중하며 마이크로소프트의 비즈니스 모델을 근본적으로 혁신했다. 사티아 나델라는 또한 직원 중심 문화를 강조하며 내부 조직 문화를 개선하는 데 주력했다. 그는 투명성과 협력을 바탕으로 한 리더십 스타일로 직원들과 신뢰를 쌓았으며, 이는 외부 이해관계자들에게도 긍정적인 메시지를 전달했다. 그의 리더십은 마이크로소프트가 글로벌 시장에서 높은 평판 점수를 유지하고 지속 가능한 성장을 이루는 데 중요한 역할을 했다.

RepTrak Institute의 데이터는 성공적인 CEO 브랜딩이 기업 평판에 얼마나 중대한 영향을 미치는지를 보여준다. 높은 평판 점수를 가진 CEO는 소비자와 투자자들로부터 더 많은 신뢰를 얻으며, 이는 매출 증가와 투자 유치로 이어진다. 반면 부정적인 CEO 명성은 기업 전체에 치명적인 영향을 미칠 수 있다. 대한항공 오너 일가의 '갑질' 사건은 CEO 개인의 부정적인 행동이 기업 전체의 평판을 훼손할 수 있는 대표적인 사례이다. 이 사건은 대한항공 주가 하락과 소비자 불매운동으로 이어지며 기업에 심각한 재정적 손실을 초래했다.

결론적으로 성공적인 CEO 브랜딩은 단순히 개인 이미지를 관리하는 것을 넘어, 기업 전체의 명성과 신뢰도를 강화하는 데 필수적이다. 긍정적인 CEO 명성은 소비자 충성도와 투자 유치 가능성을 높이며, 내부 조직 문화에도 긍정적인 영향을 미친다. 디지털 시대에는 이러한 상관관계를 이해하고 효과적으로 관리하는 것이 더욱 중요해졌다.

 핵심 요약

성공적인 CEO 브랜딩은 기업 평판과 신뢰도를 강화하는 데 중요한 역할을 한다. 하워드 슐츠(스타벅스), 일론 머스크(테슬라), 사티아 나델라(마이크로소프트) 등의 사례는 윤리적 경영, 혁신적 비전, 내부 조직 문화 개선이 어떻게 기업 이미지를 강화하고 위기 상황에서도 신뢰를 유지할 수 있는지를 보여준다. 반면 부정적인 CEO 명성은 기업 전체에 치명적인 영향을 미칠 수 있다.

활용 가이드

CEO 평판 관리 전략

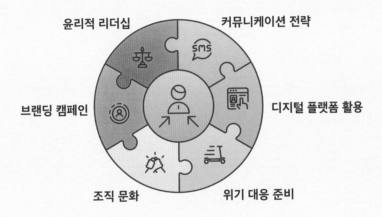

윤리적 리더십 커뮤니케이션 전략

브랜딩 캠페인 디지털 플랫폼 활용

조직 문화 위기 대응 준비

CEO 명성 관리 전략 수립

CEO의 행동과 발언이 기업 평판에 미치는 영향을 고려하여, 투명성과 진정성을 바탕으로 한 명확한 커뮤니케이션 전략을 수립합니다.

디지털 플랫폼 활용

소셜 미디어와 뉴스 플랫폼을 통해 CEO가 대중과 직접 소통하며 신뢰를 구축할 수 있는 기회를 적극적으로 활용합니다.

위기 대응 매뉴얼 구축

위기 상황에서 CEO가 신속하고 일관된 메시지를 전달할 수 있도록 공식 성명서 작성 및 소통 프로세스를 사전에 준비합니다.

내부 조직 문화 강화

내부 평판이 외부 평판으로 연결되므로, CEO는 직원들과의 신뢰를 바탕으로 긍정적인 조직 문화를 형성해야 합니다.

CEO 브랜딩 캠페인 실행

CEO의 비전과 철학을 소비자와 이해관계자들에게 전달할 수 있는 스토리텔링 기반의 브랜딩 캠페인을 설계하고 실행합니다.

윤리적 리더십 실천

윤리적 경영과 사회적 책임을 강조하며, CEO가 기업의 가치와 철학을 대변하는 리더로 자리매김할 수 있도록 합니다.

제5장

위기관리와
평판 회복

5.1

위기 상황에서
평판 관리가 중요한 이유

평판 관리는 기업과 개인이 위기 상황에서 생존하고 회복할 수 있는 가장 강력한 전략이다. 디지털 시대에는 정보가 빠르게 확산하며, 부정적인 사건이나 논란은 순식간에 대중의 신뢰를 무너뜨릴 수 있다. 따라서 위기 상황에서 평판 관리는 단순히 이미지를 복구하는 것을 넘어, 기업과 개인의 지속 가능성을 보장하는 핵심적인 역할을 한다.

RepTrak Institute의 연구에 따르면, 평판 점수가 높은 기업은 위기 상황에서도 더 빠르게 회복할 수 있다. 이는 소비자와 이해관계자들이 이미 형성된 신뢰를 바탕으로 기업을 지지하기 때문이다. 예를 들어, 스타벅스는 인종차별 논란이 발생했을 때 CEO가 직접 나서서 사과하고, 재발 방지를 위한 교육 프로그램을 도입함으로써 소비자 신뢰를 유지했다. 반면, 폭스바겐 디젤 게이트 사건은 배출가스 조작이라는 기술적 결함보다 소비자의 신뢰를 저버린 결과로 주가가 단 3일 만에 30% 폭락했다. 이 사건은 평판 관리 실패가 기업에 얼마나 치명적인 영향을 미칠 수 있는지를 보여주는 대표적인 사례이다.

위기 상황에서 평판 관리는 세 가지 주요 원칙을 중심으로 이루어진다. 첫째, 신속한 대응이다. 위기 초기 24시간 내 대응이 이루어져야 하며, 이는 대중과 이해관계자들에게 진정성과 책임감을 전달하는 데 필수적이다. 둘째, 투명성과 진정성이다. 문제를 인정하고 진솔하게 사과하며, 구체적인 해결책과 재발 방지 계획을 제시해야 한다. 셋째, 지속적인 커뮤니케이션이다. 이해관계자들과의 지속적인 소통은 위기 상황에서도 신뢰를 유지하고 회복하는 데 중요한 역할을 한다.

디지털 환경에서는 소셜 미디어와 리뷰 플랫폼이 위기 확산의 주요 경로로 작용한다. 부정적인 정보는 클릭 한 번으로 전 세계적으로 퍼질 수 있으며, 이는 기업의 명성에 치명적인 영향을 미칠 수 있다. 따라서 기업은 실시간 데이터를 기반으로 한 모니터링 시스템을 구축해야 한다. AI 기술은 이러한 과정에서 혁신적인 도구로 작용한다. AI 기반 감정 분석 도구는 소셜 미디어와 리뷰 데이터를 분석하여 부정적 트렌드를 조기에 감지하고 경고를 발송한다. 이는 기업이 위기를 사전에 예방하거나 신속히 대응할 수 있도록 돕는다.

RepTrak 데이터는 평판 관리가 단순히 외부 이미지를 복구하는 것을 넘어 내부 조직 문화와 일치된 신뢰를 구축하는 과정임을 보여준다. 내부 평판이 좋은 기업일수록 외부 평판도 긍정적으로 유지되며, 이는 위기 상황에서도 강력한 방어막 역할을 한다. 예를 들어, 무신사는 특정 논란 발생 이후 빠르고 진정성 있는 사과와 재발 방지 약속을 통해 소비자 신뢰를 회복한 사례로 꼽힌다. 반면 임블리는 부정적 리뷰와 소비자 불만에 대한 미흡한 대응으로 브랜드 이미지가 크게 훼손되었다.

결론적으로 위기 상황에서 평판 관리는 단순히 문제를 해결하는 것을 넘어, 이해관계자들과의 신뢰 관계를 유지하고 강화하는 데 초점이 맞춰져야 한다. 디지털 시대에는 AI와 데이터를 활용한 실시간 모니터링과 대응 전략이 필수적이며, 이를 통해 기업과 개인은 장기적으로 지속 가능한 성공을 이룰 수 있다.

핵심 요약

위기 상황에서 평판 관리는 기업과 개인의 생존과 회복력을 결정짓는 핵심 전략이다. RepTrak 데이터는 높은 평판 점수를 가진 기업이 위기 상황에서도 더 빠르게 회복할 수 있음을 보여준다. 신속한 대응, 투명성과 진정성, 지속적인 커뮤니케이션은 효과적인 평판 관리의 주요 원칙이며, AI 기반 감정 분석 도구는 부정적 트렌드를 조기에 감지하고 대응할 수 있도록 돕는다.

5.2

RepTrak 위기 대응 사례 분석

위기 상황에서 평판 관리는 기업의 생존과 회복력을 결정짓는 핵심 요소이다. RepTrak Institute는 여러 글로벌 기업의 위기 대응 사례를 분석하며, 평판 관리가 위기 극복에 얼마나 중요한 역할을 하는지 보여준다. 성공적인 위기 대응은 단순히 문제 해결을 넘어, 소비자와 이해관계자들에게 신뢰를 회복하고 강화하는 기회로 작용할 수 있다. 반면, 부적절한 대응은 기업 전체의 명성과 신뢰를 훼손하며 장기적인 손실로 이어질 수 있다.

RepTrak 데이터는 높은 평판 점수를 가진 기업이 위기 상황에서도 더 빠르게 회복할 수 있음을 보여준다. 이는 소비자와 이해관계자들이 이미 형성된 신뢰를 바탕으로 기업을 지지하기 때문이다. 예를 들어, 스타벅스는 인종차별 논란이 발생했을 때 CEO가 직접 나서서 사과하고, 재발 방지를 위한 직원 교육 프로그램을 도입함으로써 소비자 신뢰를 유지했다. 이러한 투명하고 진정성 있는 대응은 스타벅스가 글로벌 시장에서 높은 평판 점수를 유지하는 데 기여했다.

반면, 폭스바겐 디젤 게이트 사건은 평판 관리 실패가 기업에 얼마나 치명적인 영향을 미칠 수 있는지를 보여주는 대표적인 사례이다. 2015년 폭스바겐은 배출가스 조작 사건으로 인해 전 세계적으로 신뢰를 잃었으며, 주가는 단 3일 만에 30% 폭락했다. 이 사건은 기술적 결함보다 소비자의 신뢰를 저버린 결과로, 평판 관리 실패가 가져올 수 있는 막대한 손실을 증명했다. RepTrak 데이터에 따르면, 폭스바겐의 평판 점수는 사건 이후 급격히 하락했으며, 이는 매출 감소와 브랜드 이미지 훼손으로 이어졌다.

RepTrak이 분석한 또 다른 사례로는 무신사의 위기 대응이 있다. 무신사는 특정 논란 발생 이후 빠르고 진정성 있는 사과와 재발 방지 약속을 통해 소비자 신뢰를 회복한 긍정적인 사례로 꼽힌다. 무신사는 SNS와 공식 웹사이트를 통해 즉각적으로 입장을 발표하고, 고객 불만 사항에 대해 구체적인 해결책을 제시했다. 이러한 신속하고 투명한 대응은 부정적인 여론 확산을 방지하고 브랜드 충성도를 높이는 데 기여했다.

반대로 임블리의 사례는 부정적 리뷰와 소비자 불만에 대한 미흡한 대응이 어떻게 브랜드 이미지에 치명적인 영향을 미칠 수 있는지를 보여준다. 임블리는 소비자 불만 사항에 대해 적절히 대처하지 못했으며, 이는 부정적인 리뷰와 SNS상의 논란으로 이어졌다. 결과적으로 브랜드 신뢰도가 크게 하락하며 장기적인 매출 감소로 이어졌다. 이 사례는 위기 상황에서 투명성과 진정성이 부족할 경우 기업 평판이 얼마나 쉽게 무너질 수 있는지를 보여준다.

RepTrak 데이터는 위기 상황에서 효과적인 평판 관리가 어떻게 기업의 신뢰 회복과 매출 증가로 이어질 수 있는지를 명확히 보여준다. 성공적인 위기 대응은 세 가지 주요 원칙을 중심으로 이루어진다. 첫째, 신속한 대응이다. 위기 초기 24시간 이내에 대응이 이루어져야 하며, 이는 대중과 이해관계자들에게 진정성과 책임감을 전달하는 데 필수적이다. 둘째, 투명성과 진정성이다. 문제를 인정하고 진솔하게 사과하며, 구체적인 해결책과 재발 방지 계획을 제시해야 한다. 셋째, 지속적인 커뮤니케이션이다. 이해관계자들과의 지속적인 소통은 위기 상황에서도 신뢰를 유지하고 회복하는 데 중요한 역할을 한다.

디지털 환경에서는 소셜 미디어와 리뷰 플랫폼이 위기 확산의 주요 경로로 작용한다. 부정적인 정보는 클릭 한 번으로 전 세계적으로 퍼질 수 있으며, 이는 기업의 명성에 치명적인 영향을 미칠 수 있다. 따라서 기업은 실시간 데이터를 기반으로 한 모니터링 시스템을 구축해야 한다. AI 기술은 이러한 과정에서 혁신적인 도구로 작용한다. AI 기반 감정 분석 도구는 소셜 미디어와 리뷰 데이터를 분석하여 부정적 트렌드를 조기에 감지하고 경고를 발송한다. 이는 기업이 위기를 예방하거나 신속히 대응할 수 있도록 돕는다.

결론적으로 RepTrak 데이터는 성공적인 위기 대응이 단순히 문제 해결을 넘어 브랜드 가치를 강화하는 기회가 될 수 있음을 보여준다. 반면 부적절한 대응은 기업 전체에 치명적인 영향을 미칠 수 있다. 디지털 시대에는 AI와 데이터를 활용한 실시간 모니터링과 대응 전략이 필수적이며, 이를 통해 기업은 장기적으로 지속 가능한 성공을 이룰 수 있다.

핵심 요약

RepTrak 데이터는 성공적인 위기 대응이 브랜드 가치를 강화하는 기회가 될 수 있음을 보여준다. 스타벅스와 무신사는 투명성과 진정성을 바탕으로 한 신속한 대응으로 소비자 신뢰를 회복했으며, 반대로 폭스바겐과 임블리 사례는 평판 관리 실패가 기업 이미지와 매출에 치명적인 영향을 미칠 수 있음을 증명한다. 디지털 시대에는 AI 기반 감정 분석 도구와 실시간 모니터링 시스템이 필수적이다.

5.3

AI 기반 위기 예측 및 대응 전략

디지털 시대에는 위기 상황이 예고 없이 찾아오며, 그 확산 속도는 과거와 비교할 수 없을 정도로 빠르다. 소셜 미디어, 뉴스 플랫폼, 리뷰 사이트는 부정적인 정보가 순식간에 대중에게 퍼질 수 있는 채널이 되었다. 이러한 환경에서 기업과 개인은 단순히 위기를 인식하고 대응하는 것을 넘어, 사전에 위기를 예측하고 예방할 수 있는 능력을 갖추는 것이 필수적이다. AI 기반 위기 예측 및 대응 전략은 이러한 요구를 충족시키며, 평판 관리의 새로운 패러다임을 열어가고 있다.

AI 기반 위기 예측은 과거 데이터를 분석하여 잠재적인 위험 요소를 식별하고, 이를 바탕으로 미래의 위기를 사전에 경고하는 기술이다. 이 과정에서 사용되는 주요 도구는 감정 분석(Sentiment Analysis)과 예측 분석(Predictive Analytics)이다. 감정 분석은 소셜 미디어, 리뷰 플랫폼, 뉴스 기사 등에서 소비자의 의견과 감정을 분석하여 긍정적, 부정적, 중립적 감정을 분류한다. 이를 통해 특정 브랜드나 개인에 대한 부정적인 언급이 급증하는 시점을 조기에 감지할 수 있다. 예를 들어, 특정 제품에 대한 부정적인 리뷰가 반복적으로 발생한다면, 이는 제품 품질 문제나 고객 서비스 개선이 필요하다는 신호일 수 있다.

예측 분석은 과거 데이터를 기반으로 특정 패턴이나 트렌드를 파악하여 미래의 위험 요소를 예측하는 기술이다. RepTrak Institute의 데이터에 따르면, AI 기반 예측 분석을 도입한 기업은 그렇지 않은 기업보다 위기 상황에서 더 빠르게 대응하고 회복할 수 있다. 예를 들어, AI는 소셜 미디어에서 특정 키워드(예: "불만", "환불")가 급격히 증가하는 것을 탐지하고, 이를 바탕으로 기업이 사전에 문제를 해결할 수 있는 기회를 제공한다.

AI 기반 대응 전략은 위기 상황에서 신속하고 일관된 메시지를 전달하는 데 중요한 역할을 한다. 생성형 AI(GPT 등)는 공식 성명서 작성, 고객 응대 메시지 생성, 소셜 미디어 콘텐츠 제작 등을 자동화하여 기업이 대중과 빠르게 소통할 수 있도록 지원한다. 예를 들어, 특정 브랜드가 부정적인 리뷰로 인해 소비자 불만이 급증한 상황에서 생성형 AI는 진정성 있는 사과문과 해결 방안을 담은 메시지를 신속히 배포할 수 있다. 이는 부정적인 여론 확산을 방지하고 신뢰를 회복하는 데 큰 기여를 한다.

AI 기술은 또한 다국어 지원 기능을 통해 글로벌 시장에서도 효과적으로 활용될 수 있다. 글로벌 기업은 생성형 AI를 활용해 다양한 언어로 공식 성명서를 작성하거나 지역별 맞춤형 메시지를 전달할 수 있다. 이는 각 지역의 문화적 특성과 언어적 차이를 고려한 커뮤니케이션 전략을 가능하게 하며, 글로벌 시장에서 브랜드 신뢰도를 높이는 데 기여한다.

그러나 AI 기반 위기 예측 및 대응에는 윤리적 문제와 데이터 보호 이슈도 존재한다. 잘못된 데이터 학습이나 편향된 알고리즘은 부정확하거나 불공정한 결과를 초래할 수 있으며, 이는 브랜드 평판에 부정적인 영향을 미칠 수 있다. 따라서 기업은 AI 기술을 활용할 때 데이터의 정확성과 윤리적 기준을 철저히 준수해야 한다.

결론적으로 AI 기반 위기 예측 및 대응 전략은 디지털 시대에서 평판 관리를 혁신적으로 변화시키고 있다. 이는 단순히 부정적인 정보를 억제하는 것을 넘어, 긍정적인 이미지를 강화하고 장기적인 신뢰를 구축하는 데 필수적인 도구로 자리 잡고 있다.

핵심 요약

AI 기반 위기 예측 및 대응 전략은 디지털 시대에서 평판 관리의 핵심 도구이다. 감정 분석과 예측 분석을 통해 부정적 트렌드를 조기에 감지하고 예방하며, 생성형 AI는 신속하고 일관된 메시지를 전달하여 위기 상황에서도 신뢰를 유지하도록 돕는다. 다국어 지원과 윤리적 AI 사용은 글로벌 시장에서도 효과적인 평판 관리의 필수 요소이다.

활용 가이드

위기 관리 전략 최적화

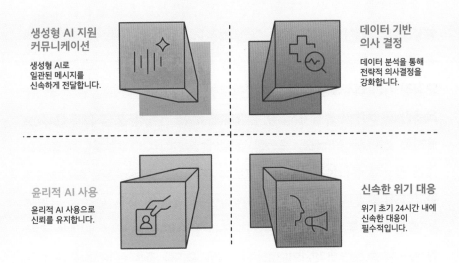

생성형 AI 지원
커뮤니케이션

생성형 AI로
일관된 메시지를
신속하게 전달합니다.

데이터 기반
의사 결정

데이터 분석을 통해
전략적 의사결정을
강화합니다.

윤리적 AI 사용

윤리적 AI 사용으로
신뢰를 유지합니다.

신속한 위기 대응

위기 초기 24시간 내에
신속한 대응이
필수적입니다.

위기 예측 시스템 구축

AI 기반 감정 분석 및 예측 분석 도구를 활용해 소셜 미디어, 리뷰 플랫
폼 등에서 부정적 트렌드를 조기에 감지하고 대응할 수 있는 시스템을
마련합니다.

투명하고 신속한 대응 프로세스 설계

위기 초기 24시간 이내에 공식 성명서를 내고, 문제 해결 방안을 제시할

수 있도록 대응 체계를 구축합니다.

생성형 AI 활용

위기 상황에서 생성형 AI(GPT 등)를 통해 신속하고 일관된 메시지를 작성하며, 다국어 지원을 통해 글로벌 시장에서도 효과적으로 대응합니다.

위기 후 평판 회복 전략 수립

위기 이후에도 지속적인 커뮤니케이션과 재발 방지 대책을 통해 소비자와 이해관계자들의 신뢰를 회복합니다.

데이터 기반 의사결정 강화

RepTrak 데이터를 활용해 위기 전후의 평판 변화를 분석하고, 이를 바탕으로 평판 관리 전략을 개선합니다.

윤리적 AI 사용 및 데이터 보호 준수

AI 기술 활용 시 데이터의 정확성과 윤리적 기준을 철저히 준수하며, 개인정보 보호 정책을 엄격히 이행하여 신뢰를 유지합니다.

제**6**장

지속 가능한
평판 관리

ESG 경영과
사회적 책임(CSR)의 중요성

ESG (환경, 사회, 거버넌스) 경영과 CSR(사회적 책임)은 현대 기업 경영에서 단순한 선택이 아니라 필수적인 전략으로 자리 잡았다. 이러한 경영 방식은 기업이 단순히 이윤을 창출하는 것을 넘어, 환경 보호와 사회적 가치 창출, 그리고 투명하고 윤리적인 거버넌스를 통해 지속 가능한 발전을 이루는 데 초점을 맞춘다. 특히 디지털 시대에는 소비자와 이해관계자들이 기업의 ESG 및 CSR 활동을 평가하는 데 있어 더 높은 기준을 요구하며, 이는 브랜드 평판에 직접적인 영향을 미친다.

RepTrak Institute의 데이터는 ESG와 CSR 활동이 기업 평판 점수를 결정짓는 주요 요소 중 하나임을 보여준다. RepTrak의 7가지 핵심 요소 중 "사회적 책임"은 소비자와 투자자들이 기업을 평가하는 데 있어 중요한 기준으로 작용한다. 예를 들어, 유니레버는 플라스틱 사용 감소와 친환경 제품 개발을 통해 지속 가능성을 강조하며 긍정적인 평판을 유지하고 있다. 이러한 ESG 활동은 소비자들에게 윤리적이고 신뢰할 수 있는 브랜드라는 이미지를 심어주며, 이는 매출 증가와 투자 유치로 이어진다.

CSR 활동은 또한 지역사회와의 관계를 강화하며, 이는 기업이 단순한 경제적 주체를 넘어 사회적 가치를 창출하는 존재로 인식되도록 돕는다. 스타벅스는 윤리적으로 조달된 커피 원두 사용과 지역사회 공헌 활동을 통해 글로벌 소비자들에게 신뢰를 얻었다. 특히, 스타벅스는 인종차별 논란 이후 재발 방지를 위한 직원 교육 프로그램을 도입하며 사회적 책임을 다하는 모습을 보여주었다. 이러한 사례는 CSR 활동이 위기 상황에서도 신뢰를 유지하고 회복하는 데 중요한 역할을 한다는 것을 보여준다.

ESG와 CSR 활동은 단순히 외부 이미지를 관리하는 것을 넘어 내부 조직 문화에도 긍정적인 영향을 미친다. 내부 평판이 좋은 기업일수록 직원들의 사기와 생산성이 높아지며, 이는 외부 이해관계자들에게도 긍정적인 메시지를 전달한다. 예를 들어, 마이크로소프트는 클라우드 기술 혁신뿐만 아니라 직원 복지와 다양성을 강조하며 내부 조직 문화를 개선했다. 이러한 내부 평판은 외부 평판과 연결되어 기업의 장기적인 성공에 기여한다.

디지털 시대에는 ESG와 CSR 활동이 더욱 중요해졌다. 소비자들은 소셜 미디어와 리뷰 플랫폼을 통해 기업의 행동과 메시지를 실시간으로 평가하며, 이는 브랜드 평판에 직접적인 영향을 미친다. AI 기술은 이러한 과정에서 중요한 역할을 한다. AI 기반 데이터 분석 도구는 소비자의 의견과 감정을 실시간으로 분석하여 기업이 ESG 및 CSR 활동의 효과를 측정하고 개선할 수 있도록 돕는다. 예를 들어, AI는 특정 캠페인에 대한 소비자 반응을 분석하여 긍정적인 요소를 강화하고 부정적인 요소를 수정할 수 있는 실행 가능한 인사이트를 제공한다.

그러나 ESG와 CSR 활동에는 도전 과제도 존재한다. 일부 기업은 "그린워싱"(Greenwashing)으로 불리는 과장된 환경친화적 이미지를 내세우며 소비자를 오도하기도 한다. 이는 단기적으로 긍정적인 효과를 가져올 수 있지만, 장기적으로는 신뢰를 훼손하고 브랜드 평판에 부정적인 영향을 미칠 수 있다. 따라서 기업은 진정성 있는 ESG 및 CSR 활동을 통해 소비자와 이해관계자들의 신뢰를 얻어야 한다.

결론적으로 ESG 경영과 CSR 활동은 현대 기업 경영에서 필수적인 요소로 자리 잡았다. 이는 단순히 브랜드 이미지를 강화하는 것을 넘어, 장기적인 신뢰 구축과 지속 가능한 발전을 가능하게 한다. 디지털 시대에는 AI 기술과 데이터를 활용하여 ESG 및 CSR 활동의 효과를 극대화하고, 이를 통해 브랜드 평판을 강화하는 것이 중요하다.

 핵심 요약

ESG 경영과 CSR 활동은 현대 기업 경영에서 필수적인 전략으로 자리 잡았다. RepTrak 데이터에 따르면, "사회적 책임"은 소비자와 투자자가 기업을 평가하는 주요 기준이며, 유니레버와 스타벅스 같은 사례는 ESG 및 CSR 활동이 브랜드 평판 강화에 어떻게 기여하는지를 보여준다. 디지털 시대에는 AI 기반 데이터 분석 도구가 이러한 활동의 효과를 측정하고 개선할 수 있도록 돕는다.

6.2

RepTrak 데이터로 본
지속 가능성 평가

지속 가능성(Sustainability)은 현대 기업 경영에서 단순한 트렌드를 넘어 기업의 생존과 성장에 필수적인 요소로 자리 잡았다. 특히 ESG(환경, 사회, 거버넌스) 경영이 강조되면서, 기업의 지속 가능성은 소비자와 투자자들이 브랜드를 평가하는 중요한 기준이 되고 있다. RepTrak Institute는 지속 가능성을 평판 관리의 핵심 요소로 보고 있으며, 이를 구체적으로 측정하고 평가하기 위한 데이터를 제공한다. RepTrak 데이터는 기업의 지속 가능성이 브랜드 평판 점수에 얼마나 중대한 영향을 미치는지를 명확히 보여준다.

RepTrak의 7가지 핵심 요소 중 하나인 "사회적 책임(CSR)"은 지속 가능성 평가에서 중요한 역할을 한다. 이 요소는 기업이 환경 보호, 사회적 기여, 윤리적 경영 등을 통해 얼마나 긍정적인 영향을 미치고 있는지를 측정한다. 예를 들어, 유니레버는 플라스틱 사용 감소와 친환경 제품 개발을 통해 지속 가능성을 강조하며 높은 평판 점수를 유지하고 있다. 이러한 활동은 소비자들에게 윤리적이고 신뢰할 수 있는 브랜드라는 이미지를 심어주며, 이는 매출 증가와 투자 유치로 이어진다. RepTrak 데이터는 유니레버와 같은 ESG 선도 기업들이 소비자 충성도와 투자자 신뢰에서 더 높은 성과를 보인다는 점을 강조한다.

스타벅스 역시 지속 가능성 평가에서 긍정적인 사례로 꼽힌다. 스타벅스는 윤리적으로 조달된 커피 원두 사용과 지역사회 공헌 활동을 통해 글로벌 소비자들에게 신뢰를 얻었다. 특히, 스타벅스는 인종차별 논란 이후 재발 방지를 위한 직원 교육 프로그램을 도입하며 사회적 책임을 다하는 모습을 보여주었다. 이러한 활동은 단순히 위기를 극복하는 것을 넘어, 브랜드 가치를 강화하고 장기적인 신뢰를 구축하는 데 기여했다.

RepTrak 데이터는 또한 지속 가능성이 투자자들에게 얼마나 중요한 요소인지를 보여준다. ESG 경영을 실천하는 기업은 투자자로부터 더 많은 관심과 자금을 유치할 수 있다. 이는 지속 가능성이 단순히 브랜드 이미지를 강화하는 것을 넘어, 기업의 재무 성과에도 긍정적인 영향을 미친다는 것을 의미한다. 예를 들어, 블랙록(BlackRock)과 같은 글로벌 자산운용사는 ESG 기준을 충족하지 못하는 기업에 대한 투자를 제한하겠다고 선언하며, 지속 가능성이 투자 결정에 중요한 기준이 되고 있음을 분명히 했다.

디지털 시대에는 소비자와 이해관계자들이 기업의 지속 가능성을 평가하는 방식도 변화하고 있다. 소셜 미디어와 리뷰 플랫폼은 소비자들이 기업의 ESG 및 CSR 활동에 대해 실시간으로 의견을 공유할 수 있는 공간을 제공한다. 이는 긍정적인 활동이 빠르게 확산될 수 있는 기회를 제공하지만, 동시에 부정적인 정보가 순식간에 퍼질 위험도 내포하고 있다. 따라서 기업은 데이터를 기반으로 한 실시간 모니터링과 대응 전략을 통해 지속 가능성을 효과적으로 관리해야 한다.

AI 기술은 이러한 과정에서 중요한 역할을 한다. AI 기반 데이터 분석 도구는 소비자의 의견과 감정을 실시간으로 분석하여 기업이 ESG 및 CSR 활동의 효과를 측정하고 개선할 수 있도록 돕는다. 예를 들어, AI는 특정 캠페인에 대한 소비자 반응을 분석하여 긍정적인 요소를 강화하고 부정적인 요소를 수정할 수 있는 실행 가능한 인사이트를 제공한다. 또한, AI는 ESG 보고서를 자동으로 생성하거나 데이터를 시각화하여 이해관계자들에게 투명하게 공개할 수 있도록 지원한다.

그러나 RepTrak 데이터는 일부 기업들이 "그린워싱(Greenwashing)"으로 불리는 과장된 환경친화적 이미지를 내세우며 소비자를 오도하려는 시도를 하고 있음을 지적한다. 이는 단기적으로 긍정적인 효과를 가져올 수 있지만, 장기적으로는 신뢰를 훼손하고 브랜드 평판에 부정적인 영향을 미칠 수 있다. 따라서 기업은 진정성 있는 ESG 및 CSR 활동을 통해 소비자와 이해관계자들의 신뢰를 얻어야 한다.

결론적으로 RepTrak 데이터는 지속 가능성이 브랜드 평판 관리에서 얼마나 중요한 역할을 하는지를 명확히 보여준다. ESG 경영과 CSR 활동은 단순히 외부 이미지를 관리하는 것을 넘어 내부 조직 문화에도 긍정적인 영향을 미친다. 디지털 시대에는 AI 기술과 데이터를 활용하여 지속 가능성을 효과적으로 관리하고, 이를 통해 브랜드 가치를 강화하는 것이 중요하다.

 핵심 요약

RepTrak 데이터는 ESG 경영과 CSR 활동이 브랜드 평판 점수에 중대한 영향을 미친다고 강조한다. 유니레버와 스타벅스 같은 사례는 지속 가능성이 소비자 충성도와 투자 유치에 어떻게 기여하는지를 보여준다. 디지털 시대에는 AI 기반 데이터 분석 도구가 이러한 활동의 효과를 측정하고 개선하며, 진정성 있는 ESG 실천이 장기적인 신뢰 구축의 핵심임을 보여준다.

6.3

AI를 활용한 ESG 활동 모니터링

ESG (환경, 사회, 거버넌스) 경영은 현대 기업의 지속 가능성을 평가하는 데 있어 핵심적인 기준으로 자리 잡았다. 그러나 ESG 활동의 효과를 정확히 측정하고 관리하는 것은 여전히 많은 기업에 도전 과제다. 디지털 시대에는 AI 기술이 이러한 과제를 해결하는 데 중요한 역할을 하고 있다. AI는 방대한 데이터를 실시간으로 분석하고, ESG 활동의 영향을 정량화하며, 이를 바탕으로 실행 가능한 인사이트를 제공함으로써 기업이 보다 효과적으로 ESG 목표를 달성할 수 있도록 돕는다.

AI 기반 ESG 모니터링은 세 가지 주요 영역에서 활용된다. 첫째, 환경(E) 측면에서 AI는 탄소 배출량, 에너지 소비, 폐기물 관리 등과 같은 데이터를 실시간으로 추적하고 분석한다. 예를 들어, 글로벌 에너지 기업 BP는 AI를 활용해 탄소 배출량을 모니터링하고 이를 감소시키기 위한 최적의 솔루션을 도출하고 있다. 이러한 데이터는 기업이 환경 목표를 달성하고 규제 준수를 보장하는 데 중요한 역할을 한다.

둘째, 사회(S) 측면에서 AI는 기업의 사회적 책임 활동이 대중과 이해관계자들에게 어떤 영향을 미치는지를 분석한다. 예를 들어, AI는 소셜 미디어와 리뷰 데이터를 분석하여 특정 CSR 캠페인에 대한 소비자 반응을 파악할 수 있다. 이는 기업이 긍정적인 요소를 강화하고 부정적인 요소를 수정할 수 있는 실행 가능한 인사이트를 제공한다. 스타벅스는 윤리적 원두 조달과 지역사회 공헌 활동에 대한 소비자 반응을 AI로 분석하여 CSR 전략을 지속적으로 개선하고 있다.

셋째, 거버넌스(G) 측면에서 AI는 기업의 투명성과 윤리성을 평가하는 데 활용된다. 예를 들어, AI는 내부 문서와 외부 데이터를 분석하여 규정 준수 여부를 확인하고 잠재적인 리스크를 조기에 감지할 수 있다. 이는 기업이 윤리적 경영을 실천하고 이해관계자들의 신뢰를 유지하는 데 중요한 역할을 한다.

RepTrak Institute의 데이터는 AI 기반 ESG 모니터링이 기업 평판 점수에 긍정적인 영향을 미친다는 점을 강조한다. RepTrak의 연구에 따르면, ESG 경영을 효과적으로 실천하는 기업은 소비자와 투자자로부터 더 높은 신뢰와 지지를 얻으며, 이는 매출 증가와 투자 유치로 이어진다. 특히 디지털 시대에는 소비자들이 소셜 미디어와 리뷰 플랫폼을 통해 기업의 ESG 활동에 대해 실시간으로 의견을 공유하며, 이는 브랜드 평판에 직접적인 영향을 미친다.

AI 기술은 또한 ESG 보고서 작성 과정에서도 활용된다. 전통적으로 ESG 보고서는 방대한 데이터를 수집하고 분석해야 하는 복잡한 과정이었다. 그러나 AI는 이러한 데이터를 자동으로 처리하고 시각화하여 이해관계자들에게 투명하게 공개할 수 있도록 지원한다. 이는 기업이 ESG 목표 달성 상태를 명확히 전달하고 신뢰를 강화하는 데 기여한다.

그러나 AI 기반 ESG 모니터링에는 몇 가지 도전 과제도 존재한다. 첫째, 데이터 품질과 정확성이 중요하다. 잘못된 데이터나 편향된 알고리즘은 부정확한 결과를 초래할 수 있으며, 이는 브랜드 평판에 부정적인 영향을 미칠 수 있다. 둘째, 개인정보 보호와 데이터 윤리가 중요한 이슈로 떠오르고 있다. 따라서 기업은 데이터를 처리할 때 투명성과 윤리적 기준을 철저히 준수해야 한다.

결론적으로 AI 기술은 ESG 활동 모니터링과 관리에서 혁신적인 도구로 자리 잡고 있다. 이는 단순히 데이터를 분석하는 것을 넘어, 지속 가능성을 강화하고 브랜드 평판을 개선하는 데 필수적인 역할을 한다. 디지털 시대에는 AI 기반 ESG 모니터링이 기업의 경쟁력을 높이고 장기적인 신뢰 구축에 기여할 것이다.

핵심 요약

AI 기반 ESG 모니터링은 환경(E), 사회(S), 거버넌스(G) 측면에서 데이터를 실시간으로 분석하여 지속 가능성을 강화하고 브랜드 평판을 개선한다. RepTrak 데이터는 ESG 경영이 소비자 충성도와 투자 유치에 긍정적인 영향을 미친다고 강조하며, AI 기술은 이러한 활동의 효과를 정량화하고 실행 가능한 인사이트를 제공한다.

활용 가이드

ESG 이니셔티브 우선순위 지정

실시간 데이터 모니터링

실시간 데이터 모니터링은
낮은 영향에도 진정성을
유지합니다.

높은 진정성

그린워싱 방지

그린워싱 방지는 높은 영향과
진정성을 갖춘 ESG 실행입니다.

낮은 영향

높은 영향

CSR 활동 개선

CSR 활동 개선은
낮은 영향과 진정성을
반영합니다.

AI 기반 ESG 보고서

AI 기반 ESG 보고서는
높은 영향에도 진정성이
부족할 수 있습니다.

낮은 진정성

ESG 목표 설정 및 모니터링

기업의 환경(E), 사회(S), 거버넌스(G) 목표를 명확히 정의하고, AI 기반 데이터 분석 도구를 활용해 실시간으로 성과를 추적합니다.

CSR 활동 효과 분석

소셜 미디어와 리뷰 데이터를 분석하여 CSR 활동에 대한 소비자와 이해관계자의 반응을 파악하고, 긍정적인 요소를 강화하며 부정적인 요소를 개선합니다.

AI 기반 ESG 보고서 작성

AI 기술을 활용해 ESG 데이터를 자동으로 처리하고 시각화하여, 이해
관계자들에게 투명하고 신뢰할 수 있는 정보를 제공합니다.

그린워싱 방지 및 진정성 강화

ESG 활동에서 과장된 메시지를 피하고, 진정성 있는 실행과 커뮤니케이
션을 통해 소비자와 투자자의 신뢰를 유지합니다.

실시간 데이터 모니터링 도입

AI 기반 감정 분석 도구를 활용해 ESG 관련 이슈와 트렌드를 실시간으
로 모니터링하고, 부정적 트렌드 발생 시 신속히 대응합니다.

내부 조직 문화와 연계

ESG 경영과 CSR 활동이 내부 조직 문화와 일치되도록 설계하여, 직원
들의 참여와 자부심을 높이고 외부 평판에도 긍정적인 영향을 미칩니다.

제7장

글로벌 브랜딩과
지역화 전략

7.1

글로벌 시장에서
브랜드 신뢰 구축하기

글로벌 시장에서 브랜드 신뢰를 구축하는 것은 단순히 제품이나 서비스를 판매하는 것을 넘어, 소비자와 정서적으로 연결되고 기업의 가치를 전달하며 지속 가능한 경쟁력을 확보하는 데 핵심적인 역할을 한다. 특히 디지털 시대에는 정보가 실시간으로 공유되고 소비자들의 선택지가 무한히 확장되면서, 브랜드 신뢰는 글로벌 시장에서 성공을 결정짓는 중요한 요소로 자리 잡았다.

RepTrak Institute의 연구에 따르면, 글로벌 시장에서 높은 평판 점수를 가진 기업은 소비자 충성도와 투자 유치 가능성에서 더 높은 성과를 보인다. 이는 브랜드 신뢰가 단순히 제품의 품질이나 가격 경쟁력에 의존하지 않고, 윤리적 경영, 사회적 책임, 그리고 투명성과 같은 다차원적인 요소들에 의해 형성된다는 것을 보여준다. 예를 들어, 나이키(Nike)는 "Just Do It"이라는 슬로건을 통해 스포츠 정신과 도전 정신을 상징하는 브랜드로 자리 잡았으며, 이는 전 세계적으로 통일된 메시지를 전달하면서도 각 지역의 문화적 특성을 반영한 마케팅 전략을 통해 소비자들과 정서적으로 연결되었다.

브랜드 신뢰 구축은 단순히 외부 이미지를 관리하는 것을 넘어 내부 조직 문화와 일치된 신뢰를 형성하는 과정이다. 내부 평판이 긍정적인 기업일수록 외부 평판도 긍정적으로 유지되며, 이는 글로벌 시장에서도 강력한 경쟁력을 제공한다. 예를 들어, 마이크로소프트는 클라우드 기술 혁신뿐만 아니라 직원 복지와 다양성을 강조하며 내부 조직 문화를 개선했다. 이러한 내부 평판은 외부 이해관계자들에게도 긍정적인 메시지를 전달하며, 마이크로소프트가 글로벌 시장에서 높은 평판 점수를 유지하고 지속 가능한 성장을 이루는 데 기여했다.

디지털 시대에는 소셜 미디어와 리뷰 플랫폼이 글로벌 브랜드 신뢰 구축에 중요한 역할을 한다. 소비자들은 소셜 미디어를 통해 브랜드의 행동과 메시지를 실시간으로 평가하며, 이는 브랜드 평판에 직접적인 영향을 미친다. AI 기술은 이러한 과정에서 중요한 도구로 작용한다. AI 기반 데이터 분석 도구는 소비자의 의견과 감정을 실시간으로 분석하여 기업이 글로벌 시장에서 소비자 요구를 충족시키고 신뢰를 구축할 수 있도록 돕는다. 예를 들어, 넷플릭스(Netflix)는 AI 알고리즘을 활용해 사용자의 시청 기록과 선호도를 분석하여 개인화된 콘텐츠 추천 시스템을 구축했다. 이는 고객 만족도를 높이고 브랜드 충성도를 강화하는 데 중요한 역할을 한다.

RepTrak 데이터는 또한 글로벌 시장에서 국가 이미지와 기업 경쟁력 간의 관계를 강조한다. 국가 이미지는 해당 국가에서 생산되는 제품이나 서비스를 넘어 관광, 투자, 문화 교류에도 직결된다. 예를 들어, "Made in Germany"라는 라벨은 높은 기술력과 신뢰도를 상징하며 독일 기업들에게 긍정적인 후광 효과를 제공한다. 반면 국가 이미지가 부정적으로 형성될 경우 해당 국가의 브랜드와 제품에 대한 신뢰도 역시 하락할 수 있다.

결론적으로 글로벌 시장에서 브랜드 신뢰를 구축하는 것은 단순히 제품 판매를 넘어 소비자와 정서적으로 연결되고 기업의 가치를 전달하며 지속 가능한 경쟁력을 확보하는 데 필수적이다. 디지털 시대에는 AI 기술과 데이터를 활용하여 소비자의 요구를 충족시키고 긍정적인 이미지를 강화하며 장기적인 신뢰를 구축하는 것이 중요하다.

핵심 요약

글로벌 시장에서 브랜드 신뢰는 소비자 충성도와 투자 유치 가능성을 결정짓는 핵심 요소이다. RepTrak 데이터는 높은 평판 점수를 가진 기업이 글로벌 시장에서 더 큰 성공을 거둔다는 점을 강조하며, 나이키와 마이크로소프트 같은 사례는 내부 조직 문화와 외부 평판 간의 연계가 브랜드 신뢰 구축에 얼마나 중요한지를 보여준다. 디지털 시대에는 AI 기반 데이터 분석 도구가 이러한 과정을 지원하며 장기적인 경쟁력을 강화한다.

7.2

RepTrak 국가별
평판 데이터 활용법

국가별 평판 데이터는 글로벌 시장에서 브랜드 신뢰를 구축하고, 기업의 경쟁력을 강화하는 데 중요한 역할을 한다. RepTrak Institute는 국가 이미지를 평가하기 위해 다양한 데이터를 수집하고 분석하며, 이를 통해 기업이 글로벌 시장에서 전략적으로 접근할 수 있는 방향성을 제시한다. 국가별 평판 데이터는 단순히 특정 국가의 이미지를 평가하는 것을 넘어, 해당 국가의 브랜드와 기업이 글로벌 시장에서 어떻게 인식되고 있는지를 보여주는 중요한 지표로 작용한다.

RepTrak의 데이터에 따르면, 국가 이미지는 해당 국가에서 생산되는 제품이나 서비스뿐만 아니라 관광, 투자, 문화 교류에도 직결된다. 예를 들어, "Made in Germany"라는 라벨은 높은 기술력과 신뢰도를 상징하며 독일 기업들에게 긍정적인 후광 효과를 제공한다. 이는 독일 자동차 브랜드인 BMW와 메르세데스-벤츠가 글로벌 시장에서 높은 신뢰를 유지하는 데 기여했다. 반면, 국가 이미지가 부정적으로 형성될 경우 해당 국가의 브랜드와 제품에 대한 신뢰도 역시 하락할 수 있다. 예를 들어, 브렉시트(Brexit) 이후 영국의 정치적 불확실성은 일부 글로벌 기업들이 영국을 기반으로 한 사업 확장을 재검토하게 만드는 요인이 되었다.

RepTrak 데이터는 국가별 평판 점수를 구성하는 주요 요소로 경제적 안정성, 사회적 책임, 문화적 매력, 정치적 투명성 등을 제시한다. 이러한 요소들은 소비자와 투자자들이 특정 국가와 관련된 브랜드나 기업을 평가하는 데 있어 중요한 기준이 된다. 예를 들어, 스웨덴은 지속 가능성과 환경 보호에 대한 강력한 정책으로 높은 평판 점수를 유지하고 있으며, 이는 이케아(IKEA)와 같은 스웨덴 기업들이 글로벌 시장에서 긍정적인 이미지를 구축하는 데 기여했다.

국가별 평판 데이터는 또한 글로벌 브랜딩 전략을 수립하는 데 유용하다. 예를 들어, 일본은 "Cool Japan" 캠페인을 통해 자국의 애니메이션, 패션, 음식 문화 등을 전 세계에 알리며 국가 이미지를 개선했다. 이러한 노력은 일본 기업들이 글로벌 시장에서 더 높은 신뢰도를 얻는 데 기여했으며, 일본 제품과 서비스에 대한 소비자 선호도를 높이는 결과를 가져왔다.

디지털 시대에는 국가별 평판 데이터가 더욱 중요해졌다. 소비자들은 소셜 미디어와 리뷰 플랫폼을 통해 특정 국가와 관련된 브랜드나 제품에 대한 의견을 실시간으로 공유하며, 이는 국가 이미지와 기업 평판에 직접적인 영향을 미친다. AI 기술은 이러한 데이터를 분석하고 실행 가능한 인사이트를 제공함으로써 기업이 글로벌 시장에서 전략적으로 접근할 수 있도록 돕는다. 예를 들어, AI 기반 감정 분석 도구는 특정 국가와 관련된 긍정적 또는 부정적 언급을 실시간으로 모니터링하고, 이를 바탕으로 브랜드 메시지를 조정할 수 있다.

RepTrak 데이터는 또한 다국적 기업들이 각 지역의 문화적 특성과 소비자 요구를 반영한 맞춤형 마케팅 전략을 수립하도록 돕는다. 예를 들어, 맥도날드는 인도 시장에서 소고기 메뉴를 제외하고 채식 메뉴를 도입함으로써 현지 문화를 존중하는 모습을 보여주었다. 이러한 지역화

(Localization) 전략은 맥도날드가 글로벌 브랜드로서의 일관성을 유지하면서도 각 지역의 소비자들과 정서적으로 연결될 수 있는 기반을 마련했다.

결론적으로 RepTrak 국가별 평판 데이터는 글로벌 시장에서 브랜드 신뢰를 구축하고 경쟁력을 강화하는 데 필수적인 도구이다. 이는 기업이 특정 국가의 문화적 특성과 소비자 요구를 이해하고 이에 맞춘 전략을 수립할 수 있도록 돕는다. 디지털 시대에는 AI 기술과 데이터를 활용하여 국가별 평판 데이터를 실시간으로 분석하고 이를 기반으로 실행 가능한 전략을 설계하는 것이 중요하다.

핵심 요약

RepTrak 국가별 평판 데이터는 특정 국가의 이미지가 글로벌 시장에서 브랜드 신뢰와 경쟁력에 미치는 영향을 보여준다. 독일과 스웨덴처럼 높은 평판 점수를 가진 국가는 자국 브랜드에 긍정적인 후광 효과를 제공하며, 일본의 "Cool Japan" 캠페인과 같은 사례는 국가 이미지 개선이 기업 성과에 어떻게 기여할 수 있는지를 보여준다. 디지털 시대에는 AI 기반 데이터 분석 도구가 이러한 데이터를 실시간으로 활용하여 글로벌 브랜딩 전략을 강화하는 데 중요한 역할을 한다.

7.3

성공적인 지역화(Localization) 사례

글로벌 시장에서 성공적인 브랜드는 단순히 전 세계적으로 통일된 이미지를 전달하는 데 그치지 않고, 각 지역의 문화적 특성과 소비자 요구를 반영한 지역화(Localization) 전략을 통해 소비자와 정서적으로 연결된다. 지역화는 글로벌 브랜드가 각 시장에서 현지 소비자들과의 신뢰를 구축하고, 장기적으로 브랜드 충성도를 강화하는 데 필수적인 요소로 자리 잡고 있다. 성공적인 지역화 사례는 글로벌 기업들이 어떻게 현지 시장에서 소비자들과 소통하며, 동시에 글로벌 브랜드로서의 일관성을 유지했는지를 보여준다.

맥도날드는 지역화 전략을 성공적으로 실행한 대표적인 사례이다. 맥도날드는 각 지역의 문화적 특성과 식습관을 반영하여 메뉴를 현지화함으로써 글로벌 시장에서 강력한 입지를 확보했다. 예를 들어, 인도 시장에서는 종교적 이유로 소고기를 사용하지 않고, 채식주의자를 위한 메뉴를 개발했다. 이와 함께, 일본에서는 지역 특산물을 활용한 "테리야키 버거"와 같은 메뉴를 도입하여 현지 소비자들에게 친숙함과 차별화를 동시에 제공했다. 이러한 접근법은 맥도날드가 글로벌 브랜드로서의 일관성을 유지하면서도 각 지역의 소비자들과 정서적으로 연결될 수 있는 기반을 마련했다.

코카콜라는 "Share a Coke" 캠페인을 통해 개인화된 마케팅 전략과 지역화를 성공적으로 결합한 또 다른 사례이다. 이 캠페인은 병에 소비자의 이름을 새겨 넣는 방식으로 전 세계적으로 큰 인기를 끌었다. 그러나 코카콜라는 단순히 이름을 새기는 데 그치지 않고, 각국의 언어와 문화적 특성을 반영하여 현지화된 메시지를 전달했다. 예를 들어, 아랍 국가에서는 병에 가족과 친구를 상징하는 단어를 새겨 넣어 사회적 유대감을 강조했고, 중국에서는 젊은 세대를 겨냥해 트렌디한 단어와 문구를 활용했다. 이러한 지역화 전략은 코카콜라가 글로벌 소비자들에게 친밀감을 제공하면서도 브랜드 충성도를 강화하는 데 기여했다.

스타벅스 역시 지역화 전략의 성공적인 사례로 꼽힌다. 스타벅스는 전세계적으로 동일한 품질의 커피와 서비스를 제공하면서도, 각 지역의 문화와 소비자 선호도를 반영한 매장 디자인과 메뉴를 도입했다. 예를 들어, 중국 시장에서는 전통적인 차 문화에 대한 존중을 바탕으로 다양한 차 음료를 메뉴에 추가했으며, 매장 디자인에서도 중국 전통 건축 요소를 반영했다. 이러한 접근법은 스타벅스가 글로벌 브랜드로서의 정체성을 유지하면서도 현지 소비자들과 깊은 정서적 연결을 형성할 수 있도록 했다.

RepTrak Institute의 데이터는 성공적인 지역화 전략이 브랜드 평판 점수에 긍정적인 영향을 미친다는 점을 강조한다. RepTrak 연구에 따르면, 높은 평판 점수를 가진 기업은 소비자 충성도와 투자 유치 가능성이 더 높으며, 이는 매출 증가와 장기적인 신뢰 구축으로 이어진다. 특히 디지털 시대에는 소셜 미디어와 리뷰 플랫폼이 브랜드와 소비자 간의 상호작용을 실시간으로 가능하게 하면서, 지역화 전략이 더욱 중요해졌다.

AI 기술은 이러한 과정에서 중요한 역할을 한다. AI 기반 데이터 분석 도구는 특정 지역의 소비자 행동과 선호도를 분석하여 기업이 현지화된 마케팅 전략을 수립할 수 있도록 돕는다. 예를 들어, 넷플릭스(Netflix)는 AI 알고리즘을 활용해 각국 사용자의 시청 기록과 선호도를 분석하여 해당 국가에 맞는 콘텐츠를 제작하고 추천한다. 이는 고객 만족도를 높이고 브랜드 충성도를 강화하는 데 중요한 역할을 한다.

결론적으로 성공적인 지역화 전략은 글로벌 브랜드가 각 시장에서 현지 소비자들과 신뢰를 구축하고 장기적인 관계를 형성하는 데 필수적이다. 디지털 시대에는 AI 기술과 데이터를 활용하여 지역별 문화적 특성과 소비자 요구를 이해하고 이에 맞춘 맞춤형 접근법을 실행하는 것이 중요하다.

 핵심 요약

지역화(Localization)는 글로벌 시장에서 브랜드 신뢰 구축과 충성도 강화를 위한 핵심 전략이다. 맥도날드, 코카콜라, 스타벅스 같은 사례는 각국의 문화적 특성과 소비자 요구를 반영한 맞춤형 접근법이 어떻게 글로벌 브랜드 가치를 강화하고 소비자와 정서적 연결을 형성할 수 있는지를 보여준다. 디지털 시대에는 AI 기반 데이터 분석 도구가 이러한 지역화 전략을 지원하며 장기적인 경쟁력을 강화한다.

활용 가이드

글로벌 브랜드 평판 전략

국가별
데이터 분석

지역화 전략

AI 도구 활용

글로벌
메시지 균형

소셜 미디어
모니터링

문화적 민감성

국가별 평판 데이터 분석

RepTrak의 국가별 평판 데이터를 활용해 각국 소비자와 투자자들이 특
정 국가와 관련된 브랜드를 어떻게 평가하는지 분석합니다.

지역화(Localization) 전략 수립

각 지역의 문화적 특성과 소비자 요구를 반영한 맞춤형 마케팅 및 제품 전략을 설계합니다. 예를 들어, 메뉴 현지화나 지역 특산물 활용 등을 고려합니다.

AI 기반 데이터 분석 도구 활용

AI 감정 분석 및 소비자 행동 데이터를 활용해 특정 지역에서 브랜드에 대한 긍정적·부정적 반응을 실시간으로 파악하고 전략을 조정합니다.

글로벌 메시지와 현지화의 균형 유지

글로벌 브랜드로서 일관된 이미지를 유지하면서도, 각 지역에 맞춘 개인화된 메시지와 캠페인을 실행합니다.

소셜 미디어와 리뷰 플랫폼 모니터링

소셜 미디어와 리뷰 플랫폼에서 지역별 소비자 피드백을 모니터링하여, 긍정적인 평판 요소를 강화하고 부정적인 요소를 개선합니다.

문화적 민감성 고려

각 지역의 문화적, 종교적, 사회적 특성을 존중하며, 브랜드 메시지가 현지 소비자들에게 긍정적으로 받아들여질 수 있도록 주의를 기울입니다.

제8장

온라인
평판 관리
전략

8.1

소셜 미디어와
리뷰 플랫폼에서의 평판 관리

디지털 시대에서 소셜 미디어와 리뷰 플랫폼은 브랜드 평판 관리의 핵심 채널로 자리 잡았다. 소비자들은 제품이나 서비스에 대한 경험을 소셜 미디어에 공유하고, 리뷰 플랫폼에 평가를 남기며, 이는 전 세계적으로 빠르게 확산된다. 이러한 환경에서 기업은 단순히 부정적인 의견을 억제하거나 긍정적인 이미지를 강조하는 것을 넘어, 소비자와의 상호작용을 통해 신뢰를 구축하고 브랜드 가치를 강화해야 한다.

소셜 미디어는 브랜드와 소비자 간의 실시간 소통을 가능하게 한다. 페이스북, 인스타그램, 트위터와 같은 플랫폼은 기업이 소비자들에게 직접 메시지를 전달하고 피드백을 받을 수 있는 중요한 공간이다. 예를 들어, 나이키(Nike)는 소셜 미디어를 활용해 "Just Do It" 캠페인을 전 세계적으로 확산시키며 소비자들과 정서적으로 연결되었다. 나이키는 소비자들의 피드백을 적극적으로 반영해 캠페인을 지속적으로 개선하며, 브랜드 충성도를 강화했다.

리뷰 플랫폼은 소비자 경험과 신뢰 형성에 중요한 역할을 한다. 아마존(Amazon), 트립어드바이저(TripAdvisor), 구글 리뷰(Google Reviews)와 같은 플랫폼은 소비자들이 제품과 서비스에 대한 솔직한 평가를 공유할 수 있는 공간을 제공한다. 이러한 리뷰는 잠재 고객들에게 중요한 구매 결정 요인이 된다. 예를 들어, 스타벅스는 고객 리뷰 데이터를 분석하여 매장 서비스와 메뉴 품질을 개선하고, 이를 통해 고객 만족도를 높였다.

RepTrak Institute의 데이터는 소셜 미디어와 리뷰 플랫폼이 브랜드 평판 점수에 얼마나 중대한 영향을 미치는지를 보여준다. RepTrak 연구에 따르면, 디지털 채널에서 긍정적인 언급이 많을수록 브랜드 평판 점수가 상승하며, 이는 소비자 충성도와 매출 증가로 이어진다. 반면, 부정적인 리뷰가 확산되면 브랜드 신뢰도가 하락하고, 이는 장기적인 손실로 이어질 수 있다.

AI 기술은 소셜 미디어와 리뷰 플랫폼에서 평판 관리를 혁신적으로 변화시키고 있다. AI 기반 감정 분석 도구는 텍스트 데이터를 분석하여 긍정적, 부정적, 중립적 감정을 분류하고, 이를 통해 브랜드에 대한 대중의 인식을 실시간으로 파악한다. 예를 들어, 특정 제품에 대한 부정적인 리뷰가 급증하면 AI 시스템이 이를 탐지하고 경고를 발송한다. 이는 기업이 문제를 조기에 인식하고 신속히 대응할 수 있도록 돕는다.

소셜 미디어와 리뷰 플랫폼에서 효과적인 평판 관리를 위해서는 세 가지 주요 원칙이 필요하다. 첫째, 신속한 대응이다. 부정적인 댓글이나 리뷰가 발생했을 때 기업은 이를 무시하지 않고 즉각적으로 대응해야 한다. 둘째, 투명성과 진정성이다. 문제를 인정하고 진솔하게 사과하며 해결책을 제시해야 한다. 셋째, 지속적인 상호작용이다. 소비자들과 지속적으로 소통하며 신뢰를 구축하는 것이 중요하다.

디지털 시대에는 부정적인 정보가 빠르게 확산될 수 있는 위험도 존재한다. 따라서 기업은 소셜 미디어와 리뷰 플랫폼에서 발생하는 데이터를 실시간으로 모니터링하고 관리할 수 있는 시스템을 구축해야 한다. AI

기술은 이러한 과정에서 중요한 도구로 작용한다. AI는 대규모 데이터를 빠르게 처리하고 실행 가능한 인사이트를 제공하며, 이를 통해 기업은 변화하는 환경에 신속히 적응할 수 있다.

결론적으로 소셜 미디어와 리뷰 플랫폼은 디지털 시대에서 브랜드 평판 관리의 핵심 채널이다. 기업은 이러한 채널을 활용해 소비자들과 정서적으로 연결되고 신뢰를 구축하며, AI 기술을 통해 데이터를 분석하고 실행 가능한 전략을 수립함으로써 장기적인 경쟁력을 확보할 수 있다.

 핵심 요약

소셜 미디어와 리뷰 플랫폼은 디지털 시대에서 브랜드 평판 관리의 핵심 채널로 작용한다. RepTrak 데이터는 긍정적인 언급이 브랜드 평판 점수를 높이고 소비자 충성도를 강화한다고 강조하며, 나이키와 스타벅스 같은 사례는 이러한 채널의 중요성을 보여준다. AI 기반 감정 분석 도구는 데이터를 실시간으로 분석하여 문제를 조기에 감지하고 대응할 수 있도록 돕는다.

8.2

SEO와 콘텐츠 최적화 전략

디지털 시대에서 브랜드 평판 관리는 단순히 긍정적인 이미지를 유지하는 것을 넘어, 검색 엔진 최적화(SEO)와 콘텐츠 최적화를 통해 대중의 신뢰를 얻고, 브랜드 메시지를 효과적으로 전달하는 데까지 확장되고 있다. SEO와 콘텐츠 최적화는 기업이 온라인 환경에서 가시성을 높이고, 소비자와의 상호작용을 강화하며, 부정적인 정보를 효과적으로 관리하는 데 중요한 도구로 작용한다. 특히 글로벌 시장에서 SEO는 브랜드가 검색 결과 상위에 노출될 수 있도록 돕고, 이는 소비자의 신뢰를 구축하는 데 직접적인 영향을 미친다.

SEO(Search Engine Optimization)는 검색 엔진에서 특정 키워드와 관련된 브랜드나 콘텐츠가 상위에 노출되도록 최적화하는 과정이다. 이는 브랜드 평판 관리에서 중요한 역할을 한다. 소비자들은 제품이나 서비스를 검색할 때, 첫 번째 페이지에 나오는 결과를 가장 신뢰하는 경향이 있다. 따라서 기업은 긍정적인 콘텐츠를 상위에 노출시키고, 부정적인 정보를 하위로 밀어내기 위해 SEO 전략을 활용해야 한다. 예를 들어, 글로벌 호텔 체인 메리어트(Marriott)는 SEO 전략을 통해 긍정적인 고객 리뷰와 여행 가이드 콘텐츠를 상위에 노출시키며, 브랜드 이미지와 신뢰도를 강화했다.

콘텐츠 최적화는 SEO와 함께 작동하며, 소비자가 원하는 정보를 정확하고 매력적으로 전달하는 데 초점을 맞춘다. 이는 블로그 게시물, 동영상, 소셜 미디어 게시물 등 다양한 형태의 콘텐츠를 포함한다. 예를 들어, 넷플릭스(Netflix)는 AI 기반 데이터 분석을 활용해 사용자의 선호도를 파악하고, 이에 맞춘 개인화된 콘텐츠를 제작함으로써 고객 만족도를 높였다. 이는 단순히 고객 충성도를 강화하는 것을 넘어, 넷플릭스가 글로벌 시장에서 독보적인 위치를 유지하는 데 기여했다.

RepTrak Institute의 데이터는 SEO와 콘텐츠 최적화가 브랜드 평판 점수에 얼마나 중대한 영향을 미치는지를 보여준다. RepTrak 연구에 따르면, 검색 결과 상위에 긍정적인 콘텐츠가 노출될수록 소비자 신뢰도가 증가하며, 이는 매출 증가와 투자 유치로 이어진다. 반면 부정적인 정보가 검색 결과 상단에 노출되면 브랜드 평판이 하락하고, 이는 장기적인 손실로 이어질 수 있다.

SEO와 콘텐츠 최적화는 단순히 긍정적인 정보를 강조하는 것을 넘어, 부정적인 정보에 대한 대응 전략도 포함한다. 예를 들어, AI 기반 감정 분석 도구는 소셜 미디어나 리뷰 플랫폼에서 부정적인 언급이 급증할 경우 이를 탐지하고 경고를 발송한다. 기업은 이러한 데이터를 활용해 부정적인 정보에 신속히 대응하고, 문제 해결 방안을 제시함으로써 소비자 신뢰를 회복할 수 있다.

디지털 시대에는 SEO와 콘텐츠 최적화가 더욱 중요해졌다. 소비자들은 제품이나 서비스를 검색할 때, 단순히 정보를 찾는 것을 넘어 브랜드의 가치와 철학을 평가한다. 따라서 기업은 단순히 키워드를 반복적으로 사용하는 것을 넘어, 진정성 있고 가치 있는 콘텐츠를 제작해야 한다. 이는 소비자들에게 긍정적인 경험을 제공하며, 장기적으로 브랜드 충성도를 강화한다.

결론적으로 SEO와 콘텐츠 최적화는 디지털 시대에서 브랜드 평판 관리를 위한 필수 전략이다. 기업은 이러한 도구를 활용해 긍정적인 이미지를 강화하고 부정적인 정보를 효과적으로 관리하며, 소비자와의 신뢰 관계를 구축할 수 있다.

핵심 요약

SEO와 콘텐츠 최적화는 디지털 시대에서 브랜드 평판 관리를 위한 핵심 전략이다. RepTrak 데이터는 검색 결과 상위에 긍정적인 정보가 노출될수록 소비자 신뢰도가 증가한다고 강조하며, 메리어트와 넷플릭스 같은 사례는 이러한 전략이 브랜드 이미지 강화에 어떻게 기여하는지를 보여준다. AI 기반 감정 분석 도구는 부정적 트렌드를 조기에 감지하고 대응할 수 있도록 돕는다.

8.3

RepTrak 데이터로 본
디지털 트렌드

디지털 시대에서 브랜드 평판은 단순히 제품과 서비스의 품질을 넘어, 소비자와의 정서적 연결과 디지털 상호작용을 통해 형성된다. RepTrak Institute는 디지털 환경에서 브랜드 평판이 어떻게 변화하고 있는지를 분석하며, 소셜 미디어, 검색 엔진, 리뷰 플랫폼 등 다양한 디지털 채널이 브랜드 이미지를 형성하는 데 중요한 역할을 한다고 강조한다. 이러한 디지털 트렌드를 이해하고 활용하는 것은 현대 기업이 경쟁력을 유지하고 소비자 신뢰를 구축하는 데 필수적이다.

RepTrak 데이터는 디지털 채널에서 긍정적인 언급과 부정적인 언급이 브랜드 평판 점수에 직접적인 영향을 미친다는 점을 보여준다. 예를 들어, 소셜 미디어에서 특정 브랜드에 대한 긍정적인 언급이 많아질수록 해당 브랜드의 평판 점수가 상승하며, 이는 소비자 충성도와 매출 증가로 이어진다. 반면, 부정적인 리뷰나 댓글이 확산되면 브랜드 신뢰도가 하락하고, 이는 장기적인 손실로 이어질 수 있다. 이러한 데이터는 기업이 디지털 환경에서 평판 관리를 위해 적극적으로 대응해야 하는 이유를 명확히 보여준다.

디지털 트렌드 중 하나는 소셜 미디어의 영향력이다. 페이스북, 인스타그램, 트위터와 같은 플랫폼은 소비자들이 브랜드와 직접 소통할 수 있는 공간을 제공하며, 이는 브랜드 이미지 형성에 중요한 역할을 한다. 나이키(Nike)는 "Just Do It" 캠페인을 소셜 미디어를 통해 전 세계적으로 확산시키며 소비자들과 정서적으로 연결되었다. 나이키는 소비자 피드백을 적극적으로 반영해 캠페인을 지속적으로 개선하며, 브랜드 충성도를 강화했다.

또 다른 중요한 트렌드는 리뷰 플랫폼의 역할이다. 아마존(Amazon), 구글 리뷰(Google Reviews), 트립어드바이저(TripAdvisor)와 같은 플랫폼은 소비자들이 제품과 서비스에 대한 경험을 공유할 수 있는 공간을 제공한다. 이러한 리뷰는 잠재 고객들에게 중요한 구매 결정 요인이 된다. 예를 들어, 스타벅스는 고객 리뷰 데이터를 분석하여 매장 서비스와 메뉴 품질을 개선하고, 이를 통해 고객 만족도를 높였다.

RepTrak 데이터는 또한 **검색 엔진 최적화(SEO)**가 브랜드 평판 관리에서 얼마나 중요한지를 강조한다. 검색 엔진 결과 페이지에서 긍정적인 콘텐츠가 상위에 노출될수록 소비자 신뢰도가 증가하며, 이는 매출 증가와 투자 유치로 이어진다. 반면 부정적인 정보가 상단에 노출되면 브랜드 이미지가 훼손될 수 있다. 메리어트(Marriott)와 같은 글로벌 호텔 체인은 SEO 전략을 통해 긍정적인 고객 리뷰와 여행 가이드 콘텐츠를 상위에 노출시키며 브랜드 이미지를 강화했다.

AI 기술은 이러한 디지털 트렌드를 활용하는 데 있어 중요한 도구로 작용한다. AI 기반 감정 분석 도구는 소셜 미디어와 리뷰 데이터를 실시간으로 분석하여 긍정적, 부정적, 중립적 감정을 분류하고, 이를 통해 브랜드에 대한 대중의 인식을 파악한다. 예를 들어, 특정 제품에 대한 부정적인 리뷰가 급증하면 AI 시스템이 이를 탐지하고 경고를 발송한다. 이는 기업이 문제를 조기에 인식하고 신속히 대응할 수 있도록 돕는다.

RepTrak 데이터는 또한 디지털 커뮤니케이션의 투명성과 진정성이 브랜드 평판 관리에서 얼마나 중요한지를 보여준다. 소비자들은 단순히 제품이나 서비스를 구매하는 것이 아니라, 브랜드가 제공하는 가치와 철학을 평가한다. 따라서 기업은 단순히 키워드를 반복적으로 사용하는 것을 넘어 진정성 있고 가치 있는 콘텐츠를 제작해야 한다. 이는 소비자들에게 긍정적인 경험을 제공하며, 장기적으로 브랜드 충성도를 강화한다.

결론적으로 RepTrak 데이터는 디지털 트렌드가 현대 기업의 평판 관리에 얼마나 중대한 영향을 미치는지를 명확히 보여준다. 소셜 미디어, 리뷰 플랫폼, 검색 엔진 최적화 등 다양한 디지털 채널은 브랜드 이미지 형성과 소비자 신뢰 구축에 핵심적인 역할을 한다. AI 기술과 데이터를 활용하여 이러한 채널을 효과적으로 관리하는 것은 현대 기업의 필수 전략이다.

핵심 요약

RepTrak 데이터는 디지털 트렌드가 브랜드 평판 관리에서 핵심적 역할을 한다고 강조한다. 소셜 미디어와 리뷰 플랫폼은 소비자와의 실시간 상호작용을 가능하게 하며, 검색 엔진 최적화(SEO)는 긍정적인 콘텐츠 노출로 신뢰도를 강화한다. AI 기반 감정 분석 도구는 데이터를 실시간으로 분석하여 문제를 조기에 감지하고 대응할 수 있도록 돕는다.

활용 가이드

AI 기반 브랜드 평판 관리 프로세스

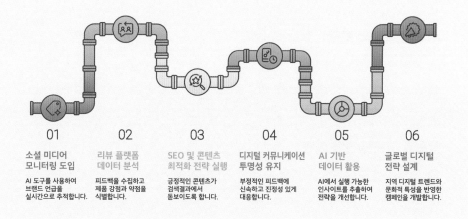

01	02	03	04	05	06
소셜 미디어 모니터링 도입	리뷰 플랫폼 데이터 분석	SEO 및 콘텐츠 최적화 전략 실행	디지털 커뮤니케이션 투명성 유지	AI 기반 데이터 활용	글로벌 디지털 전략 설계
AI 도구를 사용하여 브랜드 언급을 실시간으로 추적합니다.	피드백을 수집하고 제품 강점과 약점을 식별합니다.	긍정적인 콘텐츠가 검색결과에서 돋보이도록 합니다.	부정적인 피드백에 신속하고 진정성 있게 대응합니다.	AI에서 실행 가능한 인사이트를 추출하여 전략을 개선합니다.	지역 디지털 트렌드와 문화적 특성을 반영한 캠페인을 개발합니다.

소셜 미디어 모니터링 도입

AI 기반 감정 분석 도구를 활용해 소셜 미디어에서 브랜드에 대한 긍정적·부정적 언급을 실시간으로 모니터링하고, 부정적 트렌드를 조기에 감지합니다.

리뷰 플랫폼 데이터 분석

리뷰 플랫폼에서 소비자 피드백을 수집하고, 이를 기반으로 제품 및 서비스의 강점과 약점을 파악하여 개선 방안을 마련합니다.

SEO 및 콘텐츠 최적화 전략 실행

검색 엔진 최적화를 통해 긍정적인 콘텐츠가 검색 결과 상위에 노출되도록 하고, 브랜드 가치를 반영한 진정성 있는 콘텐츠를 제작합니다.

디지털 커뮤니케이션 투명성 유지

소셜 미디어와 리뷰 플랫폼에서 발생하는 부정적 의견에 대해 신속하고 진정성 있는 대응을 통해 소비자 신뢰를 유지합니다.

AI 기반 데이터 활용

AI 기술을 활용해 디지털 채널에서 발생하는 데이터를 분석하고, 실행 가능한 인사이트를 바탕으로 평판 관리 전략을 지속적으로 개선합니다.

글로벌 디지털 전략 설계

각 지역의 디지털 트렌드와 문화적 특성을 반영한 맞춤형 메시지와 캠페인을 설계하여 글로벌 시장에서도 브랜드 신뢰를 강화합니다.

제 9 장

생성형 AI와
미래의
평판 관리

9.1

생성형 AI가 가져올
평판 관리의 변화

디지털 시대에서 생성형 AI(Generative AI)는 평판 관리의 새로운 패러다임을 열고 있다. GPT(Generative Pre-trained Transformer)와 같은 생성형 AI 기술은 단순히 데이터를 분석하는 것을 넘어, 텍스트, 이미지, 영상 등 다양한 형태의 콘텐츠를 생성하며, 기업과 개인이 평판을 효과적으로 관리할 수 있는 도구를 제공한다. 이러한 기술은 실시간 데이터 분석, 맞춤형 콘텐츠 생성, 위기 대응 메시지 작성 등 평판 관리의 모든 단계에서 혁신적인 변화를 가져오고 있다.

생성형 AI는 특히 위기 상황에서 기업이 신속하고 일관된 메시지를 전달하는 데 중요한 역할을 한다. 예를 들어, 특정 브랜드가 소셜 미디어에서 부정적인 리뷰로 인해 위기를 겪고 있을 때, 생성형 AI는 소비자 불만 사항을 분석하고, 이를 기반으로 진정성 있는 사과문과 해결 방안을 담은 메시지를 자동으로 작성할 수 있다. 이는 기업이 위기 초기 단계에서 빠르게 대응하여 부정적인 여론 확산을 방지하고 신뢰를 회복하는 데 큰 기여를 한다. RepTrak Institute의 데이터에 따르면, 위기 상황에서 신속한 대응은 소비자 신뢰를 유지하고 평판 점수를 보호하는 데 필수적이다.

또한, 생성형 AI는 개인화된 경험 제공을 통해 소비자와 브랜드 간의 정서적 연결을 강화한다. 예를 들어, 넷플릭스(Netflix)는 AI 알고리즘을 활용해 사용자의 시청 기록과 선호도를 분석하여 개인화된 콘텐츠 추천 시스템을 구축했다. 이러한 개인화된 경험은 고객 만족도를 높이고 브랜드 충성도를 강화하는 데 중요한 역할을 한다. 생성형 AI는 이 과정을 더욱 정교하게 만들며, 소비자와 브랜드 간의 관계를 한층 더 깊게 만든다.

RepTrak 데이터는 생성형 AI가 브랜드 평판 관리에서 실질적인 성과를 가져오는 데 중요한 역할을 한다고 강조한다. 높은 평판 점수를 가진 기업은 소비자와 투자자들로부터 더 많은 신뢰를 얻으며, 이는 매출 증가와 투자 유치로 이어진다. 반면 디지털 환경에서 부정적인 정보가 확산될 경우, 기업은 신뢰를 잃고 심각한 재정적 손실을 입을 수 있다. 생성형 AI는 이러한 위험 요소를 사전에 감지하고 대응할 수 있는 강력한 도구이다.

생성형 AI는 또한 다국어 지원 기능을 통해 글로벌 시장에서도 효과적으로 활용될 수 있다. 글로벌 기업은 생성형 AI를 활용해 다양한 언어로 공식 성명서를 작성하거나 지역별 맞춤형 메시지를 전달할 수 있다. 이는 각 지역의 문화적 특성과 언어적 차이를 고려한 커뮤니케이션 전략을 가능하게 하며, 글로벌 시장에서 브랜드 신뢰도를 높이는 데 기여한다.

그러나 생성형 AI의 활용에는 윤리적 문제와 데이터 보호 이슈도 존재한다. 잘못된 데이터 학습이나 편향된 알고리즘은 부정확하거나 불공정한 결과를 초래할 수 있으며, 이는 브랜드 평판에 부정적인 영향을 미칠 수 있다. 따라서 기업은 생성형 AI를 활용할 때 데이터의 정확성과 윤리적 기준을 철저히 준수해야 한다.

결론적으로 생성형 AI는 평판 관리의 새로운 가능성을 열어가고 있으

며, 이는 단순히 위기 상황에서의 대응뿐만 아니라 장기적인 신뢰 구축
과 브랜드 가치를 강화하는 데 필수적인 도구로 자리 잡고 있다. 디지털
시대에는 생성형 AI 기술과 데이터를 활용하여 평판 관리를 더욱 정교
하고 효과적으로 수행하는 것이 중요하다.

 핵심 요약

생성형 AI(GPT 등)는 평판 관리에 혁신적인 변화를 가져오고 있다. RepTrak 데이터는 위
기 상황에서 생성형 AI가 신속하고 일관된 메시지를 전달하며 소비자 신뢰를 유지한다고
강조한다. 또한 개인화된 경험 제공과 다국어 지원 기능은 글로벌 시장에서도 브랜드 가치
를 강화하는 데 기여한다. 윤리적 사용과 데이터 보호는 생성형 AI 활용에 있어 필수적인
요소이다.

9.2

딥페이크 방어 및
윤리적 AI 사용 사례

디지털 기술의 발전은 평판 관리에 새로운 기회를 제공하는 동시에, 심각한 위협도 초래하고 있다. 그중 하나가 바로 딥페이크(Deepfake) 기술이다. 딥페이크는 인공지능(AI)을 활용해 사람의 얼굴, 음성, 행동 등을 조작하여 실제와 구분하기 어려운 가짜 콘텐츠를 생성하는 기술이다. 이러한 기술은 긍정적으로 활용될 가능성도 있지만, 악의적인 목적에 사용될 경우 개인과 기업의 평판을 심각하게 훼손할 수 있다. 따라서 딥페이크 방어와 윤리적 AI 사용은 현대 평판 관리에서 필수적인 요소로 자리 잡고 있다.

딥페이크의 위협은 개인과 기업 모두에게 심각한 영향을 미친다. 예를 들어, 2020년 한 글로벌 기업의 CEO가 딥페이크 기술로 조작된 영상에서 부적절한 발언을 한 것처럼 보이는 사건이 발생했다. 이 영상은 소셜 미디어에서 급속히 확산되었고, 해당 기업의 주가는 단기간에 10% 이상 하락했다. 이후 전문가들이 해당 영상이 조작된 것임을 밝혔지만, 이미 대중의 신뢰는 크게 훼손된 상태였다. 이 사례는 딥페이크가 얼마나 빠르게 확산되고, 기업 평판에 치명적인 영향을 미칠 수 있는지를 보여준다.

RepTrak Institute와 여러 연구는 딥페이크 방어를 위한 기술적 대응이 평판 관리를 위해 필수적이라고 강조한다. AI 기반 딥페이크 탐지 기술은 이러한 위협을 사전에 감지하고 차단하는 데 중요한 역할을 한다. 예를 들어, 마이크로소프트는 "Microsoft Video Authenticator"라는 도구를 개발하여 영상 내 픽셀 변화를 분석하고, 콘텐츠가 진짜인지 가짜인지 판별할 수 있도록 지원한다. 이러한 기술은 기업과 개인이 딥페이크로 인한 평판 훼손을 방지하는 데 중요한 도구로 작용한다.

윤리적 AI 사용도 평판 관리에서 중요한 요소로 대두되고 있다. AI가 잘못된 데이터나 편향된 알고리즘을 학습하면 부정확하거나 불공정한 결과를 초래할 수 있으며, 이는 기업과 개인의 신뢰를 훼손할 수 있다. 예를 들어, 2018년 한 글로벌 IT 기업은 AI 채용 시스템이 특정 성별과 인종을 차별한다는 논란에 휘말렸다. 이 사건은 AI 기술이 윤리적 기준을 준수하지 않을 경우 브랜드 이미지에 얼마나 큰 타격을 줄 수 있는지를 보여준다.

윤리적 AI 사용 사례 중 하나로 구글의 "AI Principles"를 들 수 있다. 구글은 AI 개발과 활용에서 공정성, 투명성, 책임성을 강조하며, 이를 바탕으로 윤리적 기준을 준수하는 데 앞장서고 있다. 또한 구글은 AI 모델의 편향성을 줄이고 데이터 보호를 강화하기 위해 지속적으로 연구와 투자를 진행하고 있다. 이러한 노력은 소비자와 이해관계자들에게 신뢰를 제공하며, 브랜드 평판 점수를 높이는 데 기여한다.

RepTrak 데이터는 윤리적 AI 사용이 브랜드 평판 점수에 긍정적인 영향을 미친다는 점을 강조한다. 소비자들은 단순히 제품이나 서비스를 구매하는 것이 아니라, 기업이 사회적 책임을 다하고 있는지를 평가한다. 따라서 AI 기술을 활용할 때 투명성과 공정성을 유지하고, 개인정보 보호 정책을 철저히 준수하는 것이 중요하다.

결론적으로 딥페이크 방어와 윤리적 AI 사용은 디지털 시대에서 평판 관리를 위한 필수 전략이다. 기업과 개인은 딥페이크 탐지 기술과 윤리적 기준을 통해 신뢰를 유지하고, 장기적으로 브랜드 가치를 강화해야 한다.

핵심 요약

딥페이크와 같은 기술적 위협은 개인과 기업의 평판에 심각한 영향을 미칠 수 있다. RepTrak 데이터는 딥페이크 방어와 윤리적 AI 사용이 브랜드 신뢰도를 유지하고 향상시키는 데 필수적임을 강조한다. 마이크로소프트와 구글 같은 사례는 딥페이크 탐지 및 윤리적 AI 개발이 어떻게 평판 관리에 기여할 수 있는지를 보여준다.

9.3

메타버스에서의 브랜드 경험 설계

메타버스 (Metaverse)는 현실과 가상 세계가 융합된 디지털 공간으로, 소비자와 브랜드 간의 상호작용 방식을 근본적으로 변화시키고 있다. 이 새로운 디지털 환경은 단순히 제품이나 서비스를 제공하는 것을 넘어, 소비자들에게 몰입감 있는 경험을 제공하며 브랜드와 정서적으로 연결될 수 있는 기회를 제공한다. 특히 메타버스는 브랜드가 소비자와 직접 소통하고, 창의적이고 독창적인 방식으로 가치를 전달할 수 있는 플랫폼으로 주목받고 있다. RepTrak Institute와 여러 연구는 메타버스가 브랜드 평판 관리에 미치는 영향을 분석하며, 이 공간에서의 전략적 접근이 미래의 브랜드 성공에 필수적임을 강조한다.

메타버스에서의 브랜드 경험 설계는 소비자와의 정서적 연결을 중심으로 이루어진다. 예를 들어, 나이키(Nike)는 메타버스 플랫폼인 "로블록스(Roblox)"에 "Nikeland"라는 가상 공간을 구축하여 소비자들에게 스포츠와 게임을 결합한 독특한 경험을 제공했다. 이 공간에서 사용자는 나이키 제품을 착용한 아바타를 생성하고, 다양한 스포츠 활동에 참여하며 브랜드와 상호 작용할 수 있다. 이러한 경험은 단순히 제품 판매를 넘어 소비자들에게 긍정적인 감정을 심어주며, 나이키가 혁신적이고 현대적인 브랜드라는 이미지를 강화하는 데 기여했다.

또한, 메타버스는 브랜드가 새로운 방식으로 스토리텔링을 구현할 수 있는 기회를 제공한다. 구찌(Gucci)는 메타버스 플랫폼인 "제페토(Zepeto)"와 협력하여 가상 패션쇼를 개최하고, 사용자가 구찌 제품을 구매하여 아바타에 적용할 수 있도록 했다. 이러한 접근은 소비자들에게 독특한 경험을 제공하며, 구찌가 단순히 럭셔리 패션 브랜드를 넘어 디지털 혁신의 선두 주자로 자리 잡는 데 기여했다.

RepTrak 데이터는 메타버스에서의 긍정적인 브랜드 경험이 소비자 충성도와 평판 점수에 직접적인 영향을 미친다는 점을 강조한다. RepTrak 연구에 따르면, 메타버스에서 몰입감 있는 경험을 제공한 브랜드는 소비자들로부터 더 높은 신뢰와 지지를 얻으며, 이는 매출 증가와 장기적인 신뢰 구축으로 이어진다. 특히 젊은 세대(Z세대 및 밀레니얼 세대)는 메타버스를 통해 브랜드를 접하고 평가하는 경향이 높아지고 있으며, 이는 기업이 미래 시장에서 경쟁력을 유지하기 위해 반드시 고려해야 할 요소이다.

AI 기술은 메타버스에서의 브랜드 경험 설계를 지원하는 데 중요한 역할을 한다. AI 기반 데이터 분석 도구는 사용자의 행동과 선호도를 분석하여 개인화된 경험을 제공할 수 있도록 돕는다. 예를 들어, AI는 특정 사용자가 선호하는 활동이나 스타일을 분석하여 맞춤형 콘텐츠나 제품 추천을 제안할 수 있다. 이는 소비자 만족도를 높이고 브랜드 충성도를 강화하는 데 중요한 역할을 한다.

그러나 메타버스에서의 평판 관리에는 몇 가지 도전 과제도 존재한다. 첫째, 데이터 보호와 프라이버시 문제가 중요하다. 소비자들은 자신의 데이터가 안전하게 보호되고 있는지에 대해 민감하게 반응하며, 이는 브랜드 신뢰도에 직접적인 영향을 미친다. 둘째, 윤리적 AI 사용이 필수적이다. 잘못된 알고리즘이나 편향된 데이터는 부정확하거나 불공정한 결과를 초래할 수 있으며, 이는 브랜드 이미지에 부정적인 영향을 미칠 수 있다.

결론적으로 메타버스는 브랜드 평판 관리에 새로운 가능성과 도전을 동시에 제공한다. 기업은 메타버스를 통해 소비자들에게 몰입감 있는 경험과 정서적 연결을 제공하며, 이를 통해 장기적인 신뢰를 구축할 수 있다. 디지털 시대에는 AI 기술과 데이터를 활용하여 메타버스에서의 전략적 접근을 설계하고 실행하는 것이 중요하다.

 핵심 요약

메타버스는 디지털 시대에서 브랜드 평판 관리의 새로운 플랫폼으로 자리 잡고 있다. RepTrak 데이터는 메타버스에서 몰입감 있는 경험이 소비자 충성도와 평판 점수를 높이는 데 기여한다고 강조하며, 나이키(Nikeland)와 구찌(Gucci)의 사례는 이러한 전략이 성공적으로 작동하는 방식을 보여준다. AI 기반 데이터 분석 도구는 개인화된 경험 제공과 윤리적 데이터 관리를 통해 메타버스에서의 평판 관리를 지원한다.

활용 가이드

AI로 브랜드 평판 관리

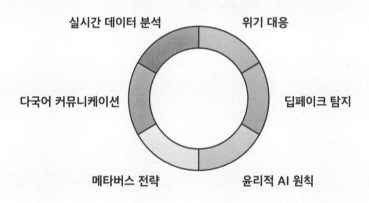

실시간 데이터 분석　　　　　위기 대응

다국어 커뮤니케이션　　　　　딥페이크 탐지

메타버스 전략　　　　　윤리적 AI 원칙

AI 기반 위기 대응 시스템 구축
생성형 AI를 활용해 위기 상황에서 신속하고 일관된 메시지를 작성하고,
부정적 여론 확산을 방지할 수 있는 대응 체계를 마련합니다.

딥페이크 탐지 기술 도입
딥페이크 영상과 음성을 탐지할 수 있는 AI 도구를 활용해 가짜 콘텐츠
로 인한 평판 훼손을 사전에 차단합니다.

윤리적 AI 사용 원칙 수립

AI 기술 개발과 활용 과정에서 투명성과 공정성을 유지하며, 데이터 편향성과 개인정보 보호 문제를 철저히 관리합니다.

메타버스 전략 설계

메타버스 플랫폼에서 소비자와 정서적으로 연결될 수 있는 몰입형 경험을 설계하고, 브랜드 가치를 강화하는 디지털 공간을 구축합니다.

다국어 및 글로벌 커뮤니케이션 지원

생성형 AI를 활용해 다양한 언어와 문화적 특성에 맞춘 맞춤형 메시지를 작성하여 글로벌 시장에서도 브랜드 신뢰도를 높입니다.

실시간 데이터 모니터링 및 분석

AI 기반 감정 분석 도구를 통해 소셜 미디어와 리뷰 데이터를 실시간으로 모니터링하고, 부정적 트렌드를 조기에 감지하여 신속히 대응합니다.

제10장

지역 및 국가 단위 브랜딩

10.1

국가 이미지와
기업 경쟁력 간의 관계

국가 이미지는 글로벌 시장에서 기업의 경쟁력과 신뢰도에 직접적인 영향을 미치는 중요한 요소이다. 이는 단순히 특정 국가의 문화적 특성이나 정치적 안정성을 넘어, 해당 국가에서 생산된 제품과 서비스에 대한 소비자 인식과 신뢰도를 결정짓는다. RepTrak Institute와 관련 연구들은 국가 이미지와 기업 경쟁력 간의 상관관계를 분석하며, 긍정적인 국가 이미지를 가진 기업이 글로벌 시장에서 더 높은 신뢰와 지지를 얻는다는 점을 강조한다.

RepTrak 데이터에 따르면, 소비자들은 특정 국가의 이미지를 기반으로 해당 국가에서 생산된 제품이나 서비스를 평가하는 경향이 있다. 예를 들어, "Made in Germany"라는 라벨은 높은 기술력과 신뢰도를 상징하며, 독일 자동차 브랜드인 BMW와 메르세데스-벤츠가 글로벌 시장에서 높은 신뢰를 유지하는 데 기여했다. 반면, 정치적 불안정이나 부정적인 사건은 국가 이미지에 부정적인 영향을 미치며, 이는 해당 국가의 기업들이 글로벌 시장에서 직면하는 도전 과제를 증가시킨다. 브렉시트(Brexit) 이후 영국의 정치적 불확실성은 일부 글로벌 기업들이 영국을 기반으로 한 사업 확장을 재검토하게 만든 사례로 꼽힌다.

국가 이미지는 또한 투자 유치와 경제 성장에도 중요한 역할을 한다.

RepTrak의 연구는 긍정적인 국가 이미지를 가진 나라가 외국인 투자(FDI)를 유치하는 데 더 유리하다는 점을 보여준다. 예를 들어, 스웨덴은 지속 가능성과 환경 보호에 대한 강력한 정책으로 높은 평판 점수를 유지하고 있으며, 이는 이케아(IKEA)와 같은 스웨덴 기업들이 글로벌 시장에서 긍정적인 이미지를 구축하는 데 기여했다. 반면, 부정적인 국가 이미지는 투자자들에게 불안감을 조성하며, 이는 해당 국가의 경제 성장에 부정적인 영향을 미칠 수 있다.

디지털 시대에는 소셜 미디어와 뉴스 플랫폼이 국가 이미지 형성에 중요한 역할을 한다. 소비자들은 소셜 미디어를 통해 특정 국가와 관련된 브랜드나 제품에 대한 의견을 실시간으로 공유하며, 이는 국가 이미지와 기업 평판에 직접적인 영향을 미친다. 예를 들어, 일본은 "Cool Japan" 캠페인을 통해 자국의 애니메이션, 패션, 음식 문화 등을 전 세계에 알리며 국가 이미지를 개선했다. 이러한 노력은 일본 기업들이 글로벌 시장에서 더 높은 신뢰도를 얻는 데 기여했으며, 일본 제품과 서비스에 대한 소비자 선호도를 높이는 결과를 가져왔다.

AI 기술은 국가 이미지 관리에서도 중요한 도구로 작용한다. AI 기반 데이터 분석 도구는 특정 국가와 관련된 긍정적 또는 부정적 언급을 실시간으로 모니터링하고, 이를 바탕으로 실행 가능한 전략을 설계할 수 있도록 돕는다. 예를 들어, AI는 소셜 미디어 데이터를 분석하여 특정 국가의 문화적 특성과 소비자 요구를 파악하고, 이에 맞춘 맞춤형 메시지와 캠페인을 설계할 수 있다.

그러나 국가 이미지 관리에는 몇 가지 도전 과제도 존재한다. 첫째, 정치적 불안정이나 사회적 갈등은 단기간에 해결하기 어려운 문제로, 이는 글로벌 시장에서 해당 국가의 브랜드 신뢰도에 부정적인 영향을 미칠 수 있다. 둘째, 일부 국가는 "문화적 고립"으로 인해 글로벌 시장에서 자신들의 가치를 효과적으로 전달하지 못할 위험이 있다. 따라서 정부와 기업은 협력하여 긍정적인 국가 이미지를 구축하고 이를 유지하기 위한 전략을 수립해야 한다.

결론적으로 국가 이미지는 글로벌 시장에서 기업 경쟁력을 결정짓는 중요한 요인이다. RepTrak 데이터는 긍정적인 국가 이미지가 소비자 신뢰도와 투자 유치 가능성을 높이며, 이는 해당 국가의 기업들이 글로벌 시장에서 성공할 수 있는 기반을 제공한다고 강조한다. 디지털 시대에는 AI 기술과 데이터를 활용하여 국가 이미지를 효과적으로 관리하고 강화하는 것이 중요하다.

 핵심 요약

국가 이미지는 글로벌 시장에서 기업 경쟁력과 신뢰도에 직접적인 영향을 미친다. RepTrak 데이터는 긍정적인 국가 이미지가 소비자 충성도와 투자 유치 가능성을 높인다고 강조하며, 독일("Made in Germany")과 일본("Cool Japan") 같은 사례는 이러한 관계를 잘 보여준다. 디지털 시대에는 AI 기반 데이터 분석 도구가 실시간으로 국가 이미지를 모니터링하고 전략적으로 관리하는 데 중요한 역할을 한다.

10.2

RepTrak 국가별 명성 지수 활용법

RepTrak 의 국가별 명성 지수는 특정 국가의 이미지와 명성이 글로벌 시장에서 기업과 브랜드에 미치는 영향을 분석하는 강력한 도구이다. 이 지수는 경제적 성과, 정치적 안정성, 사회적 책임, 문화적 매력 등 다양한 요소를 기반으로 국가 이미지를 평가하며, 이를 통해 기업이 글로벌 시장에서 전략적으로 접근할 수 있도록 돕는다. 국가별 명성 지수는 단순히 국가의 이미지를 평가하는 것을 넘어, 해당 국가에서 활동하는 기업들의 경쟁력과 신뢰도에도 직접적인 영향을 미친다.

RepTrak 데이터에 따르면, 높은 명성 점수를 가진 국가는 자국 기업들에 긍정적인 후광 효과를 제공하며, 이는 소비자 신뢰와 투자 유치 가능성을 높이는 데 기여한다. 예를 들어, 독일은 "Made in Germany"라는 라벨을 통해 기술력과 신뢰도를 상징하며, 독일 자동차 브랜드인 BMW와 메르세데스-벤츠가 글로벌 시장에서 높은 신뢰를 유지하는 데 중요한 역할을 했다. 반면, 정치적 불안정이나 부정적인 사건은 국가 이미지에 부정적인 영향을 미치며, 이는 해당 국가의 기업들이 글로벌 시장에서 직면하는 도전 과제를 증가시킨다. 브렉시트(Brexit) 이후 영국의 정치적 불확실성은 일부 글로벌 기업들이 영국을 기반으로 한 사업 확장을 재검토하게 만든 사례로 꼽힌다.

RepTrak 국가별 명성 지수는 또한 소비자 행동과 투자 결정에 중요한 영향을 미친다. RepTrak 연구에 따르면, 소비자들은 특정 국가의 이미지를 기반으로 해당 국가에서 생산된 제품이나 서비스를 평가하는 경향이 있다. 예를 들어, 일본은 "Cool Japan" 캠페인을 통해 자국의 애니메이션, 패션, 음식 문화 등을 전 세계에 알리며 국가 이미지를 개선했다. 이러한 노력은 일본 기업들이 글로벌 시장에서 더 높은 신뢰도를 얻는데 기여했으며, 일본 제품과 서비스에 대한 소비자 선호도를 높이는 결과를 가져왔다.

디지털 시대에는 국가별 명성 지수가 더욱 중요한 의미를 갖는다. 소셜 미디어와 뉴스 플랫폼은 특정 국가와 관련된 긍정적 또는 부정적 언급을 실시간으로 확산시키며, 이는 국가 이미지와 기업 평판에 직접적인 영향을 미친다. AI 기술은 이러한 데이터를 분석하고 실행 가능한 인사이트를 제공함으로써 기업이 글로벌 시장에서 전략적으로 접근할 수 있도록 돕는다. 예를 들어, AI 기반 감정 분석 도구는 특정 국가와 관련된 긍정적 또는 부정적 언급을 실시간으로 모니터링하고, 이를 바탕으로 브랜드 메시지를 조정할 수 있다.

RepTrak 데이터는 또한 다국적 기업들이 각 지역의 문화적 특성과 소비자 요구를 반영한 맞춤형 마케팅 전략을 수립하도록 돕는다. 예를 들어, 맥도날드는 인도 시장에서 소고기 메뉴를 제외하고 채식 메뉴를 도입함으로써 현지 문화를 존중하는 모습을 보여주었다. 이러한 지역화(Localization) 전략은 맥도날드가 글로벌 브랜드로서의 일관성을 유지하면서도 각 지역의 소비자들과 정서적으로 연결될 수 있는 기반을 마련했다.

그러나 RepTrak 국가별 명성 지수를 활용하는 데에는 몇 가지 도전 과제도 존재한다. 첫째, 정치적 불안정이나 사회적 갈등은 단기간에 해결하기 어려운 문제로, 이는 글로벌 시장에서 해당 국가의 브랜드 신뢰도에 부정적인 영향을 미칠 수 있다. 둘째, 일부 국가는 "문화적 고립"으로 인해 글로벌 시장에서 자신들의 가치를 효과적으로 전달하지 못할 위험이 있다. 따라서 정부와 기업은 협력하여 긍정적인 국가 이미지를 구축하고 이를 유지하기 위한 전략을 수립해야 한다.

결론적으로 RepTrak의 국가별 명성 지수는 글로벌 시장에서 브랜드 신뢰 구축과 경쟁력 강화를 위한 필수 도구이다. 이 지수는 기업이 특정 국가의 문화적 특성과 소비자 요구를 이해하고 이에 맞춘 전략을 수립할 수 있도록 돕는다. 디지털 시대에는 AI 기술과 데이터를 활용하여 국가별 명성 지수를 실시간으로 분석하고 이를 기반으로 실행 가능한 전략을 설계하는 것이 중요하다.

핵심 요약

RepTrak의 국가별 명성 지수는 특정 국가의 이미지가 글로벌 시장에서 브랜드 신뢰와 경쟁력에 미치는 영향을 분석하는 중요한 도구이다. 독일("Made in Germany")과 일본("Cool Japan") 같은 사례는 긍정적인 국가 이미지가 소비자 충성도와 투자 유치 가능성을 높이는 데 어떻게 기여하는지를 보여준다. 디지털 시대에는 AI 기반 데이터 분석 도구가 실시간으로 데이터를 모니터링하고 전략적으로 활용할 수 있도록 지원한다.

10.3

문화 콘텐츠를 통한
국가 이미지 강화

문화 콘텐츠는 국가 이미지를 형성하고 강화하는 데 있어 가장 강력한 도구 중 하나로 평가받는다. 이는 단순히 엔터테인먼트의 영역을 넘어, 특정 국가의 가치와 정체성을 전 세계에 전달하며, 소비자와 투자자들에게 긍정적인 인식을 심어주는 역할을 한다. 특히 디지털 시대에는 소셜 미디어와 스트리밍 플랫폼을 통해 문화 콘텐츠가 글로벌 시장에서 빠르게 확산되며, 이는 국가 이미지와 기업 경쟁력에 직접적인 영향을 미친다. RepTrak Institute는 문화 콘텐츠가 국가 이미지와 브랜드 신뢰도에 미치는 영향을 분석하며, 이를 활용한 전략적 접근이 현대 경제에서 필수적이라고 강조한다.

한국의 K-컬처(K-Culture)는 문화 콘텐츠를 통해 국가 이미지를 성공적으로 강화한 대표적인 사례로 꼽힌다. BTS(방탄소년단)는 음악과 퍼포먼스를 통해 전 세계 팬들과 정서적으로 연결되었으며, 이는 한국이라는 국가 브랜드를 글로벌 시장에서 긍정적으로 각인시키는 데 기여했다. BTS는 단순히 음악적 성과를 넘어, 유니세프(UNICEF)와 협력한 "Love Myself" 캠페인을 통해 사회적 메시지를 전달하며, 윤리적이고 책임감 있는 이미지를 구축했다. 이러한 활동은 한국 기업들이 글로벌 시장에서 더 높은 신뢰도를 얻는 데 기여했으며, K-푸드(K-Food), K-뷰티(K-Beauty) 등 다른 산업에도 긍정적인 파급 효과를 가져왔다.

일본 역시 문화 콘텐츠를 통해 국가 이미지를 강화한 사례로 주목받는다. "Cool Japan" 캠페인은 애니메이션, 패션, 음식 등 일본의 독특한 문화를 전 세계에 알리는 데 초점을 맞췄다. 스튜디오 지브리의 애니메이션 작품들은 일본의 창의성과 정체성을 상징하며, 글로벌 관객들에게 일본 문화를 친숙하게 만드는 데 기여했다. 이러한 노력은 일본 제품과 서비스에 대한 소비자 신뢰도를 높이는 결과를 가져왔으며, 일본 기업들이 글로벌 시장에서 경쟁력을 유지하는 데 중요한 역할을 했다.

RepTrak 데이터는 문화 콘텐츠가 국가 이미지와 브랜드 신뢰도에 미치는 긍정적인 영향을 강조한다. RepTrak 연구에 따르면, 문화 콘텐츠를 통해 긍정적인 국가 이미지를 구축한 국가는 소비자 충성도와 투자 유치 가능성이 더 높아진다. 예를 들어, 스웨덴은 지속 가능성과 환경 보호를 강조하는 정책과 함께 음악 스트리밍 서비스 스포티파이(Spotify)를 통해 혁신적이고 현대적인 이미지를 구축했다. 이러한 사례는 문화 콘텐츠가 단순히 엔터테인먼트의 역할을 넘어, 국가 브랜드 가치를 높이는 데 어떻게 기여할 수 있는지를 보여준다.

디지털 시대에는 AI 기술이 문화 콘텐츠의 생산과 유통 과정에서 중요한 역할을 한다. AI 기반 데이터 분석 도구는 소비자 행동과 선호도를 분석하여 개인화된 콘텐츠 추천 시스템을 제공하며, 이는 소비자 만족도를 높이고 브랜드 충성도를 강화하는 데 기여한다. 예를 들어, 넷플릭스(Netflix)는 AI 알고리즘을 활용해 사용자의 시청 기록과 선호도를 분석하여 맞춤형 콘텐츠를 제작하고 추천한다. 이러한 기술은 특정 국가의 문화 콘텐츠가 글로벌 시장에서 더 많은 관객에게 도달할 수 있도록 지원한다.

그러나 문화 콘텐츠를 통한 국가 이미지 강화에는 몇 가지 도전 과제도 존재한다. 첫째, 문화적 오해나 편견은 특정 콘텐츠가 잘못 해석되거나 부정적으로 받아들여질 위험을 내포하고 있다. 둘째, 지나치게 상업화된 접근은 진정성을 훼손할 수 있으며, 이는 장기적으로 신뢰를 약화시킬 수 있다. 따라서 정부와 기업은 협력하여 진정성 있고 지속 가능한 방식으로 문화 콘텐츠를 제작하고 유통해야 한다.

결론적으로 문화 콘텐츠는 국가 이미지를 강화하고 글로벌 시장에서 경쟁력을 확보하는 데 필수적인 도구이다. RepTrak 데이터는 긍정적인 국가 이미지를 구축하기 위해 문화 콘텐츠가 어떻게 활용될 수 있는지를 명확히 보여준다. 디지털 시대에는 AI 기술과 데이터를 활용하여 개인화된 경험을 제공하고 글로벌 관객과 정서적으로 연결될 수 있는 전략적 접근이 중요하다.

 핵심 요약

문화 콘텐츠는 국가 이미지를 형성하고 강화하는 데 강력한 도구로 작용한다. RepTrak 데이터는 K-컬처(BTS)와 "Cool Japan" 캠페인 같은 사례가 글로벌 시장에서 긍정적인 국가 이미지를 구축하고 소비자 충성도와 투자 유치 가능성을 높이는 데 기여한다고 강조한다. 디지털 시대에는 AI 기술이 개인화된 경험 제공과 글로벌 관객 접근성을 지원하며, 문화 콘텐츠 전략의 핵심 요소로 자리 잡고 있다.

활용 가이드

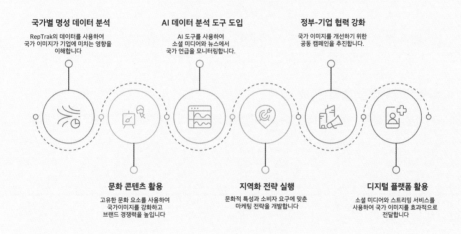

국가 이미지 및 브랜드 신뢰도 전략

국가별 명성 데이터 분석
RepTrak의 데이터를 사용하여 국가 이미지가 기업에 미치는 영향을 이해합니다

AI 데이터 분석 도구 도입
AI 도구를 사용하여 소셜 미디어와 뉴스에서 국가 언급을 모니터링합니다.

정부-기업 협력 강화
국가 이미지를 개선하기 위한 공동 캠페인을 추진합니다.

문화 콘텐츠 활용
고유한 문화 요소를 사용하여 국가이미지를 강화하고 브랜드 경쟁력을 높입니다

지역화 전략 실행
문화적 특성과 소비자 요구에 맞춘 마케팅 전략을 개발합니다.

디지털 플랫폼 활용
소셜 미디어와 스트리밍 서비스를 사용하여 국가 이미지를 효과적으로 전달합니다

국가별 명성 지수 활용

RepTrak의 국가별 명성 데이터를 분석해 특정 국가의 이미지가 기업 경쟁력에 미치는 영향을 파악하고, 이를 기반으로 글로벌 시장에서의 전략을 수립합니다.

문화 콘텐츠를 통한 국가 이미지 강화

국가의 독특한 문화 콘텐츠(예: K-컬처, Cool Japan)를 활용해 긍정적인 국가 이미지를 구축하고, 이를 통해 자국 기업의 글로벌 경쟁력을 높입

니다.

AI 기반 데이터 분석 도구 도입

AI 기술을 활용해 소셜 미디어와 뉴스에서 국가와 관련된 긍정적·부정적 언급을 실시간으로 모니터링하고, 실행 가능한 전략을 설계합니다.

지역화(Localization) 전략 실행

각국의 문화적 특성과 소비자 요구를 반영한 맞춤형 마케팅 및 브랜딩 전략을 설계하여 글로벌 시장에서도 신뢰를 구축합니다.

정부와 기업 간 협력 강화

정부와 기업이 협력하여 국가 이미지를 개선하고, 이를 통해 자국 브랜드의 글로벌 신뢰도를 높이는 공동 캠페인을 추진합니다.

디지털 플랫폼 활용

소셜 미디어와 스트리밍 플랫폼을 통해 국가 이미지와 브랜드 메시지를 효과적으로 전달하며, 글로벌 소비자들과 정서적으로 연결됩니다.

제11장

데이터 기반 의사결정과 평판 관리

11.1

데이터 분석이 가져온 의사결정 혁신

데이터 분석은 현대 경영과 평판 관리의 핵심 도구로 자리 잡으며, 기업과 조직이 의사결정을 내리는 방식을 근본적으로 변화시키고 있다. 특히 디지털 시대에는 방대한 양의 데이터가 실시간으로 생성되며, 이를 효과적으로 분석하고 활용하는 능력이 기업의 경쟁력을 결정짓는 중요한 요소로 작용한다. RepTrak Institute와 여러 연구는 데이터 기반 의사결정이 브랜드 평판 관리와 기업 성과에 미치는 긍정적인 영향을 강조하며, 이를 통해 기업이 더욱 정교하고 전략적인 접근을 할 수 있음을 보여준다.

데이터 분석은 의사결정 과정에서 세 가지 주요 혁신을 가져왔다. 첫째, 실시간 데이터 활용이다. 과거에는 의사결정이 주로 과거 데이터를 기반으로 이루어졌다면, 오늘날에는 소셜 미디어, 리뷰 플랫폼, 뉴스 기사 등에서 실시간으로 생성되는 데이터를 활용하여 즉각적인 대응이 가능하다. 예를 들어, AI 기반 감정 분석 도구는 소비자의 의견과 감정을 실시간으로 분석하여 부정적인 트렌드를 조기에 감지하고 경고를 발송한다. 이는 기업이 위기 상황에서도 신속히 대응할 수 있도록 돕는다.

둘째, **예측 분석(Predictive Analytics)**이다. 데이터 분석은 단순히 현재 상태를 파악하는 것을 넘어, 미래의 위험 요소와 기회를 예측하는 데 사용된다. RepTrak 데이터는 예측 분석을 통해 기업이 잠재적인 위기를 사전에 식별하고 예방할 수 있는 능력을 제공한다고 강조한다. 예를 들어, 특정 키워드가 소셜 미디어에서 급격히 증가하면 이는 위기의 징후일 수 있으며, 기업은 이를 바탕으로 사전 대응 전략을 수립할 수 있다.

셋째, 개인화된 경험 제공이다. 데이터 분석은 소비자 행동과 선호도를 세밀하게 파악하여 개인화된 경험을 제공할 수 있도록 돕는다. 넷플릭스(Netflix)는 AI 알고리즘을 활용해 사용자의 시청 기록과 선호도를 분석하여 맞춤형 콘텐츠를 추천하며, 이는 고객 만족도를 높이고 브랜드 충성도를 강화하는 데 중요한 역할을 한다.

RepTrak Institute의 연구는 데이터 기반 의사결정이 브랜드 평판 관리에서 얼마나 중요한지를 명확히 보여준다. 높은 평판 점수를 가진 기업은 소비자와 투자자들로부터 더 많은 신뢰를 얻으며, 이는 매출 증가와 투자 유치로 이어진다. 반면 디지털 환경에서 부정적인 정보가 확산될 경우, 기업은 신뢰를 잃고 심각한 재정적 손실을 입을 수 있다. 데이터 분석은 이러한 위험 요소를 사전에 감지하고 대응할 수 있는 강력한 도구이다.

디지털 시대에는 AI 기술이 데이터 분석의 중심에 있다. AI는 방대한 양의 데이터를 빠르게 처리하고 실행 가능한 인사이트를 제공하며, 이를 통해 기업은 변화하는 환경에 신속히 적응할 수 있다. 예를 들어, AI 기반 리뷰 분석 시스템은 소비자 피드백을 실시간으로 처리하여 제품 품질 개선이나 고객 서비스 향상과 같은 구체적인 실행 방안을 제안한다.

그러나 데이터 기반 의사결정에는 윤리적 문제와 데이터 보호 이슈도 존재한다. 잘못된 데이터나 편향된 알고리즘은 부정확하거나 불공정한 결과를 초래할 수 있으며, 이는 브랜드 평판에 부정적인 영향을 미칠 수 있다. 따라서 기업은 데이터를 활용할 때 투명성과 윤리적 기준을 철저히 준수해야 한다.

결론적으로 데이터 분석은 현대 평판 관리와 의사결정을 혁신적으로 변화시키고 있다. 이는 단순히 부정적인 정보를 억제하는 것을 넘어, 긍정적인 이미지를 강화하고 장기적인 신뢰를 구축하는 데 필수적인 도구로 자리 잡고 있다.

 핵심 요약

데이터 분석은 실시간 정보 활용, 예측 분석, 개인화된 경험 제공 등을 통해 현대 의사결정을 혁신적으로 변화시키고 있다. RepTrak 데이터는 데이터 기반 접근법이 브랜드 평판 점수를 높이고 소비자 신뢰를 강화한다고 강조하며, 넷플릭스와 같은 사례는 이러한 전략이 성공적으로 작동하는 방식을 보여준다. AI 기술은 데이터를 빠르게 처리하고 실행 가능한 인사이트를 제공하며, 디지털 시대에서 필수적인 도구로 자리 잡고 있다.

11.2

RepTrak 다국적 대시보드 활용 사례

RepTrak 다국적 대시보드는 글로벌 기업들이 각국에서의 평판 데이터를 실시간으로 분석하고, 이를 기반으로 전략적 의사결정을 내릴 수 있도록 돕는 강력한 도구이다. 이 대시보드는 기업이 다양한 지역에서 소비자와 이해관계자들로부터 어떻게 평가받고 있는지를 시각적으로 보여주며, 국가별, 지역별로 평판 점수를 세부적으로 분석할 수 있는 기능을 제공한다. 이를 통해 기업은 특정 시장에서의 강점과 약점을 파악하고, 지역별 맞춤형 전략을 수립할 수 있다.

RepTrak의 다국적 대시보드는 특히 글로벌 브랜드가 복잡한 시장 환경에서 경쟁력을 유지하는 데 중요한 역할을 한다. 예를 들어, 유니레버(Unilever)는 RepTrak 대시보드를 활용해 각국에서의 ESG(환경, 사회, 거버넌스) 활동에 대한 소비자 반응을 분석했다. 이를 통해 유니레버는 특정 국가에서 플라스틱 사용 감소와 같은 친환경 캠페인이 긍정적인 영향을 미친다는 점을 확인하고, 해당 캠페인을 강화하는 전략을 채택했다. 이러한 데이터 기반 접근은 유니레버가 글로벌 시장에서 지속 가능성과 신뢰를 강조하는 브랜드로 자리 잡는 데 기여했다.

RepTrak 대시보드는 또한 위기관리에서도 중요한 역할을 한다. 예를 들어, 폭스바겐(Volkswagen)은 디젤 게이트 사건 이후 RepTrak 데이터를 활용해 주요 시장에서 소비자 신뢰 회복을 위한 전략을 수립했다. 대시보드는 폭스바겐이 각국에서 직면한 부정적인 여론의 강도를 시각적으로 보여주었으며, 이를 바탕으로 지역별 맞춤형 커뮤니케이션 전략을 실행할 수 있었다. 이러한 데이터 기반 접근은 폭스바겐이 위기 상황에서도 소비자 신뢰를 점진적으로 회복하는 데 도움을 주었다.

RepTrak 대시보드의 주요 장점 중 하나는 실시간 데이터 분석이다. 디지털 시대에는 소셜 미디어와 리뷰 플랫폼에서 발생하는 소비자 의견이 브랜드 평판에 즉각적인 영향을 미친다. RepTrak 대시보드는 이러한 데이터를 실시간으로 수집하고 분석하여 기업이 빠르게 대응할 수 있도록 돕는다. 예를 들어, 특정 제품에 대한 부정적인 리뷰가 급증하면 대시보드는 이를 경고하고, 기업이 문제를 조기에 해결할 수 있는 기회를 제공한다.

또한, RepTrak 대시보드는 문화적 차이를 반영한 데이터 분석을 지원한다. 이는 글로벌 기업이 각국의 문화적 특성과 소비자 요구를 이해하고 이에 맞춘 전략을 수립하는 데 중요한 도구로 작용한다. 예를 들어, 맥도날드(McDonald's)는 RepTrak 데이터를 활용해 인도 시장에서는 채식 메뉴를 강화하고, 일본 시장에서는 지역 특산물을 활용한 메뉴를 개발함으로써 현지화 전략(Localization)을 성공적으로 실행했다.

RepTrak 데이터는 또한 ESG 경영과 연계된 평판 관리에서도 활용된다. ESG 활동은 현대 소비자들에게 점점 더 중요한 평가 기준이 되고 있으며, RepTrak 대시보드는 각국에서의 ESG 활동에 대한 소비자 반응을 분석하여 기업이 지속 가능성을 강화할 수 있는 방향성을 제시한다. 예를 들어, 스웨덴의 이케아(IKEA)는 지속 가능한 목재 사용과 에너지 절약 캠페인을 통해 높은 평판 점수를 유지했으며, 이는 RepTrak 데이터를 통해 확인되었다.

그러나 다국적 대시보드를 활용하는 데에는 몇 가지 도전 과제도 존재한다. 첫째, 데이터 품질과 정확성이 중요하다. 잘못된 데이터나 편향된 알고리즘은 부정확하거나 불공정한 결과를 초래할 수 있으며, 이는 브랜드 평판에 부정적인 영향을 미칠 수 있다. 둘째, 데이터 보호와 프라이버시 문제가 중요하다. 특히 GDPR(유럽 일반 데이터 보호 규정)과 같은 국제 규정을 준수하지 않을 경우 법적 문제가 발생할 수 있다.

결론적으로 RepTrak 다국적 대시보드는 글로벌 기업들이 복잡한 시장 환경에서 경쟁력을 유지하고 신뢰를 구축하는 데 필수적인 도구이다. 이 대시보드는 실시간 데이터 분석과 문화적 차이를 반영한 접근법을 통해 기업이 글로벌 시장에서 성공적으로 평판 관리를 수행할 수 있도록 지원한다.

핵심 요약

RepTrak 다국적 대시보드는 글로벌 기업들이 각국에서의 평판 데이터를 실시간으로 분석하고 전략적으로 활용할 수 있는 강력한 도구이다. 유니레버와 폭스바겐 같은 사례는 ESG 활동 및 위기관리에서 이러한 데이터를 효과적으로 활용한 방식을 보여준다. 디지털 시대에는 실시간 데이터 분석과 문화적 차이를 반영한 접근법이 글로벌 평판 관리의 핵심 요소로 자리 잡고 있다.

11.3

데이터 기반 전략 수립 프로세스

데이터 기반 전략은 현대 경영과 평판 관리에서 필수적인 요소로 자리 잡고 있다. 이는 단순히 데이터를 수집하고 분석하는 것을 넘어, 실행 가능한 인사이트를 도출하여 의사결정과 전략 실행에 반영하는 과정을 포함한다. RepTrak Institute와 여러 연구는 데이터 기반 접근법이 브랜드 평판 관리와 기업 성과에 미치는 긍정적인 영향을 강조하며, 이를 통해 기업이 더욱 정교하고 효과적인 전략을 수립할 수 있음을 보여준다.

데이터 기반 전략 수립 프로세스는 크게 세 가지 단계로 나뉜다. 첫째, 데이터 수집 및 통합이다. 디지털 시대에는 소셜 미디어, 리뷰 플랫폼, 뉴스 기사 등 다양한 채널에서 방대한 양의 데이터가 생성된다. 기업은 이러한 데이터를 실시간으로 수집하고 통합하여 소비자 의견과 시장 트렌드를 파악해야 한다. 예를 들어, 글로벌 호텔 체인 메리어트(Marriott)는 고객 리뷰와 예약 데이터를 통합 분석하여 고객 경험을 개선하고, 이를 통해 브랜드 충성도를 강화했다.

둘째, 데이터 분석 및 인사이트 도출이다. 수집된 데이터를 분석하여 소비자 행동, 시장 동향, 경쟁 환경 등을 파악하고, 이를 기반으로 실행 가능한 인사이트를 도출한다. RepTrak 데이터는 기업이 특정 시장에서 직면한 강점과 약점을 시각적으로 보여주며, 이를 바탕으로 맞춤형 전략을 설계할 수 있도록 돕는다. 예를 들어, 유니레버(Unilever)는 RepTrak 데이터를 활용해 각국에서의 ESG(환경, 사회, 거버넌스) 활동에 대한 소비자 반응을 분석하고, 지속 가능성을 강조하는 캠페인을 강화했다.

셋째, 전략 실행 및 성과 평가이다. 데이터 분석을 통해 도출된 인사이트를 바탕으로 구체적인 실행 계획을 수립하고 이를 실행에 옮긴다. 이후 성과를 평가하여 전략의 효과성을 검증하고, 필요한 경우 조정을 통해 지속적으로 개선한다. 예를 들어, 넷플릭스(Netflix)는 AI 기반 데이터 분석을 활용해 사용자의 시청 기록과 선호도를 분석하여 개인화된 콘텐츠 추천 시스템을 구축했으며, 이는 고객 만족도와 브랜드 충성도를 높이는 데 기여했다.

RepTrak Institute의 연구는 데이터 기반 전략이 브랜드 평판 관리에서 얼마나 중요한지를 명확히 보여준다. 높은 평판 점수를 가진 기업은 소비자와 투자자들로부터 더 많은 신뢰를 얻으며, 이는 매출 증가와 투자 유치로 이어진다. 반면 디지털 환경에서 부정적인 정보가 확산될 경우, 기업은 신뢰를 잃고 심각한 재정적 손실을 입을 수 있다. 데이터 기반 접근은 이러한 위험 요소를 사전에 감지하고 대응할 수 있는 강력한 도구이다.

디지털 시대에는 AI 기술이 데이터 기반 전략의 중심에 있다. AI는 방대한 양의 데이터를 빠르게 처리하고 실행 가능한 인사이트를 제공하며, 이를 통해 기업은 변화하는 환경에 신속히 적응할 수 있다. 예를 들어, AI 기반 감정 분석 도구는 특정 제품이나 서비스에 대한 소비자 피드백을 실시간으로 처리하여 문제 해결 방안을 제안한다.

그러나 데이터 기반 전략에는 윤리적 문제와 데이터 보호 이슈도 존재한다. 잘못된 데이터나 편향된 알고리즘은 부정확하거나 불공정한 결과를 초래할 수 있으며, 이는 브랜드 평판에 부정적인 영향을 미칠 수 있다. 따라서 기업은 데이터를 활용할 때 투명성과 윤리적 기준을 철저히 준수해야 한다.

결론적으로 데이터 기반 전략은 현대 평판 관리와 의사결정을 혁신적으로 변화시키고 있다. 이는 단순히 부정적인 정보를 억제하는 것을 넘어 긍정적인 이미지를 강화하고 장기적인 신뢰를 구축하는 데 필수적인 도구로 자리 잡고 있다.

 핵심 요약

데이터 기반 전략은 데이터 수집 및 통합, 분석 및 인사이트 도출, 실행 및 성과 평가의 과정을 통해 브랜드 평판 관리와 기업 성과를 강화한다. RepTrak 데이터는 이러한 접근법이 소비자 신뢰와 매출 증가에 기여한다고 강조하며, 메리어트와 유니레버 같은 사례는 성공적인 활용 방식을 보여준다. AI 기술은 데이터를 빠르게 처리하고 실행 가능한 인사이트를 제공하며 디지털 시대에서 필수적인 도구로 자리 잡고 있다.

활용 가이드

종합 평판 관리 전략

데이터 수집 및 통합 시스템 구축

소셜 미디어, 리뷰 플랫폼, 뉴스 기사 등 다양한 채널에서 데이터를 실시간으로 수집하고 통합하여 소비자 의견과 시장 트렌드를 체계적으로 관리합니다.

RepTrak 대시보드 활용

RepTrak의 다국적 대시보드를 통해 국가별, 지역별 평판 데이터를 분석하고, 이를 기반으로 맞춤형 전략을 설계합니다.

예측 분석 도구 도입

AI 기반 예측 분석 기술을 활용해 잠재적 위기 요소를 사전에 식별하고, 이를 바탕으로 예방 조치를 실행합니다.

성과 평가 및 전략 개선

데이터 기반 의사결정을 통해 실행된 전략의 성과를 정기적으로 평가하고, 필요한 경우 이를 개선하여 지속적인 효과를 유지합니다.

윤리적 데이터 사용 준수

데이터 수집과 활용 과정에서 투명성과 윤리적 기준을 철저히 준수하며, 개인정보 보호와 데이터 정확성을 보장합니다.

글로벌 시장 맞춤형 전략 설계

각국의 문화적 특성과 소비자 요구를 반영한 맞춤형 마케팅 및 평판 관리 전략을 수립하여 글로벌 경쟁력을 강화합니다.

제12장

이해관계자
신뢰 구축

12.1

소비자, 투자자, 직원 간 신뢰 형성 방법

신뢰 는 기업의 지속 가능성과 경쟁력을 결정짓는 핵심 요소로, 소비자, 투자자, 직원 간의 신뢰 형성은 브랜드 평판 관리에서 필수적인 과제이다. 디지털 시대에는 신뢰가 단순히 제품과 서비스의 품질을 넘어, 기업의 윤리적 경영, 사회적 책임, 투명성과 같은 다차원적인 요소들에 의해 형성된다. RepTrak Institute와 여러 연구는 신뢰가 기업 성과와 평판 점수에 미치는 긍정적인 영향을 분석하며, 이를 통해 기업이 효과적으로 신뢰를 구축하는 방법을 제시한다.

소비자와의 신뢰 형성은 브랜드 평판 관리의 가장 기본적인 단계이다. 소비자들은 단순히 제품이나 서비스를 구매하는 것이 아니라, 브랜드가 제공하는 가치와 철학을 평가한다. 예를 들어, 스타벅스는 윤리적 원두 조달과 지역사회 공헌 활동을 통해 소비자들에게 신뢰를 얻었다. 특히 인종차별 논란 이후 스타벅스는 직원 교육 프로그램을 도입하고 투명한 커뮤니케이션을 통해 문제를 해결하며 소비자 신뢰를 회복했다. 이러한 사례는 진정성과 투명성이 소비자 신뢰 형성에서 얼마나 중요한지를 보여준다.

투자자와의 신뢰 형성은 기업의 재무적 안정성과 지속 가능성을 보장하는 데 필수적이다. RepTrak 데이터에 따르면, ESG(환경, 사회, 거버넌스) 경영을 실천하는 기업은 투자자로부터 더 많은 관심과 자금을 유치할 수 있다. 예를 들어, 블랙록(BlackRock)과 같은 글로벌 자산운용사는 ESG 기준을 충족하지 못하는 기업에 대한 투자를 제한하겠다고 선언하며, 지속 가능성이 투자 결정에 중요한 기준이 되고 있음을 분명히 했다. 이는 기업이 윤리적이고 지속 가능한 경영을 통해 투자자의 신뢰를 얻어야 한다는 점을 강조한다.

직원과의 신뢰 형성은 내부 조직 문화와 생산성에 직접적인 영향을 미친다. 내부 평판이 좋은 기업일수록 외부 평판도 긍정적으로 유지되며, 이는 위기 상황에서도 강력한 방어막 역할을 한다. 예를 들어, 마이크로소프트는 다양성과 포용성을 강조하며 직원들에게 신뢰받는 조직 문화를 구축했다. 이는 직원들의 사기를 높이고 생산성을 강화하며, 외부 이해관계자들에게도 긍정적인 메시지를 전달했다.

디지털 시대에는 소셜 미디어와 리뷰 플랫폼이 신뢰 형성에서 중요한 역할을 한다. 소비자들은 소셜 미디어를 통해 브랜드와 직접 소통하며, 리뷰 플랫폼에서 다른 소비자들의 경험을 확인한다. AI 기술은 이러한 데이터를 분석하여 기업이 소비자의 요구를 충족시키고 신뢰를 구축할 수 있도록 돕는다. 예를 들어, AI 기반 감정 분석 도구는 소셜 미디어 데이터를 실시간으로 분석하여 부정적인 트렌드를 조기에 감지하고 대응할 수 있는 기회를 제공한다.

그러나 신뢰 형성에는 몇 가지 도전 과제도 존재한다. 첫째, 잘못된 정보나 부정확한 데이터는 소비자와 투자자의 불신을 초래할 수 있다. 둘째, 윤리적 기준을 준수하지 않는 AI 활용은 편향된 결과를 초래하며 브랜드 이미지에 부정적인 영향을 미칠 수 있다. 따라서 기업은 데이터를 활용할 때 투명성과 윤리적 기준을 철저히 준수해야 한다.

결론적으로 소비자, 투자자, 직원 간의 신뢰 형성은 현대 평판 관리에서 가장 중요한 과제 중 하나이다. RepTrak 데이터는 진정성과 투명성을 바탕으로 한 접근법이 신뢰를 구축하고 장기적인 성공을 보장한다고 강조한다. 디지털 시대에는 AI 기술과 데이터를 활용하여 신뢰를 효과적으로 관리하고 강화하는 것이 중요하다.

핵심 요약

소비자, 투자자, 직원 간의 신뢰 형성은 브랜드 평판 관리와 기업 성과에 핵심적인 역할을 한다. RepTrak 데이터는 ESG 경영과 투명성이 신뢰 구축에 중요하다고 강조하며, 스타벅스와 마이크로소프트 같은 사례는 성공적인 접근법을 보여준다. 디지털 시대에는 AI 기반 데이터 분석 도구가 실시간으로 데이터를 처리하고 실행 가능한 인사이트를 제공하여 신뢰 강화를 지원한다.

12.2

RepTrak 데이터로 본
이해관계자 분석법

현대 기업 경영에서 이해관계자(Stakeholder)는 단순히 소비자, 투자자, 직원과 같은 주요 집단을 넘어, 기업 활동에 영향을 미치거나 영향을 받는 모든 개인과 조직을 포함하는 광범위한 개념으로 확장되었다. RepTrak Institute는 이해관계자 분석을 통해 기업이 각 집단의 요구와 기대를 파악하고, 이를 기반으로 전략적으로 대응할 수 있도록 돕는다. 이러한 접근은 브랜드 평판 관리와 기업의 장기적 성공에 필수적인 요소로 자리 잡고 있다.

RepTrak 데이터는 이해관계자가 기업의 평판 점수에 미치는 영향을 정량적으로 보여준다. 소비자, 투자자, 직원, 지역사회 등 다양한 집단은 각기 다른 기대와 요구를 가지고 있으며, 이들의 신뢰와 지지는 기업의 경쟁력과 지속 가능성을 결정짓는 중요한 요소로 작용한다. 예를 들어, 스타벅스는 윤리적 원두 조달과 지역사회 공헌 활동을 통해 소비자와 지역사회의 신뢰를 얻었으며, 이는 브랜드 충성도와 매출 증가로 이어졌다. 반면, 대한항공은 오너 일가의 갑질 논란으로 인해 직원과 소비자의 신뢰를 잃으며 평판 점수가 급격히 하락한 사례로 꼽힌다.

RepTrak 데이터는 이해관계자를 분석할 때 다음 세 가지 주요 범주를 제시한다. 첫째, 소비자 분석이다. 소비자는 제품과 서비스의 품질뿐만 아니라 기업의 윤리적 경영과 사회적 책임을 평가한다. 예를 들어, 유니레버(Unilever)는 지속 가능성을 강조하는 캠페인을 통해 소비자들에게 긍정적인 이미지를 심어주었으며, 이는 브랜드 충성도를 높이는 데 기여했다.

둘째, 투자자 분석이다. 투자자는 기업의 재무 성과뿐만 아니라 ESG(환경, 사회, 거버넌스) 경영 실천 여부를 중요한 평가 기준으로 삼는다. RepTrak 연구에 따르면, ESG 활동이 우수한 기업은 투자자로부터 더 많은 관심과 자금을 유치할 가능성이 높다. 블랙록(BlackRock)과 같은 글로벌 자산운용사는 ESG 기준을 충족하지 못하는 기업에 대한 투자를 제한하겠다고 선언하며, 지속 가능성이 투자 결정에 중요한 요인임을 분명히 했다.

셋째, 직원 분석이다. 직원은 내부 조직 문화와 리더십 스타일에 민감하게 반응하며, 이는 외부 평판에도 직접적인 영향을 미친다. 내부 평판이 좋은 기업일수록 외부 평판도 긍정적으로 유지되며, 이는 위기 상황에서도 강력한 방어막 역할을 한다. 예를 들어, 마이크로소프트는 다양성과 포용성을 강조하며 직원들에게 신뢰받는 조직 문화를 구축했다. 이는 직원 만족도를 높이고 생산성을 강화하며 외부 이해관계자들에게도 긍정적인 메시지를 전달했다.

디지털 시대에는 AI 기술이 이해관계자 분석에서 중요한 역할을 한다. AI 기반 감정 분석 도구는 소셜 미디어와 리뷰 데이터를 실시간으로 수집하고 분석하여 각 집단의 요구와 기대를 파악한다. 예를 들어, 특정 제품이나 서비스에 대한 부정적인 리뷰가 급증하면 AI 시스템이 이를 탐지하고 경고를 발송한다. 이는 기업이 문제를 조기에 인식하고 신속히 대응할 수 있도록 돕는다.

그러나 이해관계자 분석에는 몇 가지 도전 과제도 존재한다. 첫째, 데이터 품질과 정확성이 중요하다. 잘못된 데이터나 편향된 알고리즘은 부정확하거나 불공정한 결과를 초래할 수 있으며, 이는 브랜드 평판에 부정적인 영향을 미칠 수 있다. 둘째, 개인정보 보호와 데이터 윤리가 중요한 이슈로 떠오르고 있다. 따라서 기업은 데이터를 활용할 때 투명성과 윤리적 기준을 철저히 준수해야 한다.

결론적으로 RepTrak 데이터는 이해관계자 분석이 브랜드 평판 관리에서 얼마나 중요한지를 명확히 보여준다. 각 집단의 요구와 기대를 파악하고 이에 맞춘 전략을 수립하는 것은 기업의 경쟁력을 강화하고 장기적인 신뢰를 구축하는 데 필수적이다.

핵심 요약

RepTrak 데이터는 소비자, 투자자, 직원 등 다양한 이해관계자가 브랜드 평판에 미치는 영향을 정량적으로 보여준다. 스타벅스와 유니레버 같은 사례는 소비자 신뢰와 ESG 경영이 브랜드 충성도와 투자 유치 가능성을 높이는 데 기여한다고 강조한다. 디지털 시대에는 AI 기반 감정 분석 도구가 실시간 데이터를 활용해 이해관계자의 요구와 기대를 파악하고 대응 전략을 설계하는 데 중요한 역할을 한다.

12.3

장기적인 신뢰 구축을 위한
핵심 전략

장기적인 신뢰 구축은 기업의 지속 가능성과 경쟁력을 결정짓는 가장 중요한 요소 중 하나다. 신뢰는 단순히 소비자, 투자자, 직원 간의 일시적인 관계를 넘어, 기업과 이해관계자들 간의 지속적인 상호작용과 가치를 기반으로 형성된다. RepTrak Institute와 여러 연구는 신뢰가 브랜드 평판 점수와 기업 성과에 미치는 영향을 분석하며, 이를 통해 기업이 장기적으로 신뢰를 구축하기 위한 핵심 전략을 제시한다.

RepTrak 데이터에 따르면, 신뢰는 소비자 충성도와 투자 유치 가능성을 높이는 데 핵심적인 역할을 한다. 높은 평판 점수를 가진 기업은 위기 상황에서도 더 빠르게 회복하며, 이는 이미 형성된 신뢰가 방어막 역할을 하기 때문이다. 예를 들어, 스타벅스는 인종차별 논란 이후 CEO가 직접 나서서 사과하고 재발 방지를 위한 교육 프로그램을 도입함으로써 소비자 신뢰를 회복했다. 이러한 투명성과 진정성은 장기적인 신뢰 구축의 핵심 요소로 작용한다.

장기적인 신뢰 구축을 위한 첫 번째 전략은 투명성과 진정성이다. 소비자와 이해관계자들은 기업의 행동과 메시지가 일치하는지 여부를 평가하며, 이는 브랜드 평판에 직접적인 영향을 미친다. 예를 들어, 유니레버(Unilever)는 지속 가능성을 강조하는 캠페인을 통해 소비자들에게 긍정적인 이미지를 심어주었으며, 이는 브랜드 충성도를 높이는 데 기여했다.

두 번째 전략은 ESG(환경, 사회, 거버넌스) 경영 실천이다. RepTrak 데이터는 ESG 활동이 소비자와 투자자의 신뢰를 얻는 데 중요한 역할을 한다고 강조한다. 블랙록(BlackRock)과 같은 글로벌 자산운용사는 ESG 기준을 충족하지 못하는 기업에 대한 투자를 제한하겠다고 선언하며, 지속 가능성이 투자 결정에 중요한 요인임을 분명히 했다. 이는 기업이 윤리적이고 지속 가능한 경영을 통해 장기적인 신뢰를 구축해야 한다는 점을 보여준다.

세 번째 전략은 직원과의 신뢰 관계 강화이다. 내부 평판이 좋은 기업일수록 외부 평판도 긍정적으로 유지되며, 이는 위기 상황에서도 강력한 방어막 역할을 한다. 예를 들어, 마이크로소프트는 다양성과 포용성을 강조하며 직원들에게 신뢰받는 조직 문화를 구축했다. 이는 직원 만족도를 높이고 생산성을 강화하며 외부 이해관계자들에게도 긍정적인 메시지를 전달했다.

디지털 시대에는 AI 기술이 장기적인 신뢰 구축에서 중요한 역할을 한다. AI 기반 감정 분석 도구는 소셜 미디어와 리뷰 데이터를 실시간으로 분석하여 부정적 트렌드를 조기에 감지하고 대응할 수 있는 기회를 제공한다. 또한 AI는 소비자의 행동과 선호도를 분석하여 개인화된 경험을 제공함으로써 소비자와 브랜드 간의 정서적 연결을 강화한다.

그러나 장기적인 신뢰 구축에는 몇 가지 도전 과제도 존재한다. 첫째, 잘못된 정보나 부정확한 데이터는 소비자와 투자자의 불신을 초래할 수 있다. 둘째, 윤리적 기준을 준수하지 않는 AI 활용은 편향된 결과를 초래하며 브랜드 이미지에 부정적인 영향을 미칠 수 있다. 따라서 기업은 데이터를 활용할 때 투명성과 윤리적 기준을 철저히 준수해야 한다.

결론적으로 장기적인 신뢰 구축은 현대 평판 관리에서 가장 중요한 과제 중 하나이다. RepTrak 데이터는 투명성과 진정성을 바탕으로 한 접근법이 신뢰를 구축하고 장기적인 성공을 보장한다고 강조한다. 디지털 시대에는 AI 기술과 데이터를 활용하여 신뢰를 효과적으로 관리하고 강화하는 것이 중요하다.

핵심 요약

장기적인 신뢰 구축은 투명성과 진정성, ESG 경영 실천, 직원과의 신뢰 관계 강화 등을 통해 이루어진다. RepTrak 데이터는 이러한 접근법이 브랜드 평판 점수를 높이고 소비자 충성도와 투자 유치 가능성을 강화한다고 강조한다. 디지털 시대에는 AI 기반 데이터 분석 도구가 실시간 데이터를 활용해 부정적 트렌드를 조기에 감지하고 대응 전략을 설계하는 데 중요한 역할을 한다.

활용 가이드

이해관계자 신뢰 구축 전략

장기 전략

소비자 신뢰

데이터 윤리

투자자 신뢰

AI 도구 활용

직원 신뢰

소비자 신뢰 강화

윤리적 경영과 투명한 커뮤니케이션을 통해 소비자와의 신뢰를 구축하고, 지속 가능한 제품 및 서비스를 제공하여 브랜드 충성도를 높입니다.

투자자 신뢰 확보

ESG(환경, 사회, 거버넌스) 경영을 실천하며, 투자자들에게 지속 가능성과 재무적 안정성을 강조하는 데이터를 투명하게 공개합니다.

167

직원 신뢰 형성

다양성과 포용성을 강조하며, 직원들에게 신뢰받는 조직 문화를 구축하고, 내부 평판을 강화하여 외부 평판에도 긍정적인 영향을 미칩니다.

AI 기반 이해관계자 분석 도구 활용

AI 기술을 활용해 소비자, 투자자, 직원의 요구와 기대를 실시간으로 분석하고, 이를 기반으로 맞춤형 전략을 설계합니다.

데이터 윤리 준수

데이터 수집과 활용 과정에서 투명성과 윤리적 기준을 철저히 준수하여 개인정보 보호와 데이터 정확성을 보장합니다.

장기적인 신뢰 구축 전략 실행

투명성과 진정성을 바탕으로 이해관계자들과의 관계를 지속적으로 강화하며, 위기 상황에서도 신뢰를 유지할 수 있는 체계를 마련합니다.

제13장

광고, PR, 그리고 평판 관리의 차이점

13.1

광고와 PR이 해결하지 못하는 영역들

광고 와 PR(Public Relations)은 기업의 브랜드 인지도를 높이고 대중과 소통하는 데 중요한 도구로 활용된다. 그러나 이 두 가지가 브랜드 평판 관리의 모든 문제를 해결할 수 있는 만능 도구는 아니다. 평판 관리는 광고와 PR이 다루지 못하는 신뢰와 존경의 구축, 장기적인 관계 형성, 그리고 위기 상황에서의 대응 능력을 포함한 더 복합적이고 전략적인 접근을 요구한다. RepTrak Institute와 여러 연구는 광고 및 PR과 평판 관리의 차별점을 분석하며, 평판 관리가 왜 현대 경영에서 필수적인 요소인지에 대해 강조한다.

광고는 주로 제품이나 서비스를 홍보하고 브랜드 인지도를 높이는 데 초점을 맞춘다. 이는 소비자들에게 브랜드 메시지를 전달하는 강력한 도구이지만, 일방향적 소통이라는 한계를 가진다. 예를 들어, 특정 기업이 대규모 광고 캠페인을 통해 제품을 홍보하더라도, 소비자들이 해당 기업의 윤리적 경영이나 사회적 책임에 대해 부정적인 인식을 가지고 있다면 광고만으로는 신뢰를 회복하기 어렵다. RepTrak 데이터는 광고가 브랜드 인지도에는 긍정적인 영향을 미치지만, 신뢰와 존경과 같은 감정적 요소를 구축하는 데는 한계가 있음을 보여준다.

PR은 대중과의 관계를 관리하고 긍정적인 이미지를 구축하는 데 초점을 맞춘다. 이는 언론 보도, 이벤트 개최, 미디어 인터뷰 등을 통해 기업의 메시지를 전달하며, 광고보다 더 정교한 접근을 가능하게 한다. 그러나 PR 역시 위기 상황에서의 신속한 대응이나 장기적인 신뢰 구축에는 한계를 가진다. 예를 들어, 폭스바겐 디젤 게이트 사건 당시 PR팀은 부정적인 여론을 완화하기 위해 다양한 메시지를 전달했지만, 소비자 신뢰를 회복하는 데는 실패했다. 이는 PR이 위기 상황에서 평판을 보호하기 위한 충분한 도구가 될 수 없음을 보여준다.

평판 관리는 광고와 PR이 해결하지 못하는 영역들을 보완하며, 기업과 이해관계자 간의 장기적인 관계 형성을 목표로 한다. RepTrak 데이터에 따르면, 평판 관리는 단순히 브랜드 메시지를 전달하는 것을 넘어, 소비자와 투자자, 직원 간의 신뢰를 구축하고 유지하는 데 초점을 맞춘다. 이는 투명성과 진정성을 바탕으로 한 양방향 소통을 통해 이루어진다. 예를 들어, 스타벅스는 윤리적 원두 조달과 지역사회 공헌 활동을 통해 소비자들에게 진정성을 전달하며 신뢰를 구축했다. 이러한 접근은 단순히 제품 판매를 넘어 소비자들과 정서적으로 연결되는 데 기여했다.

디지털 시대에는 소셜 미디어와 리뷰 플랫폼이 브랜드 평판 관리에서 중요한 역할을 한다. 광고와 PR은 이러한 디지털 채널에서 발생하는 실시간 데이터를 효과적으로 처리하지 못할 수 있지만, 평판 관리는 AI 기술을 활용해 데이터를 분석하고 실행 가능한 인사이트를 제공한다. 예를 들어, AI 기반 감정 분석 도구는 소셜 미디어 데이터를 실시간으로 분석하여 부정적인 트렌드를 조기에 감지하고 대응할 수 있는 기회를 제공한다.

결론적으로 광고와 PR은 브랜드 인지도와 대중과의 관계 형성에 중요한 도구이지만, 평판 관리가 제공하는 깊이 있는 신뢰 구축과 위기 대응 능력을 대체할 수는 없다. RepTrak 데이터는 평판 관리가 현대 경영에서 필수적인 이유를 명확히 보여주며, 이를 통해 기업은 장기적인 성공과 지속 가능한 성장을 이룰 수 있다.

핵심 요약

광고와 PR은 브랜드 인지도와 대중과의 관계 형성에 중요한 역할을 하지만, 신뢰 구축과 위기 상황에서의 대응에는 한계가 있다. RepTrak 데이터는 평판 관리가 이러한 영역을 보완하며 장기적인 신뢰와 존경을 구축한다고 강조한다. 스타벅스와 같은 사례는 투명성과 진정성을 바탕으로 한 평판 관리가 어떻게 소비자와 정서적으로 연결될 수 있는지를 보여준다.

13.2

RepTrak이 제안하는
통합 커뮤니케이션 전략

통합 커뮤니케이션(Integrated Communication)은 현대 기업 경영에서 필수적인 전략으로, 브랜드 메시지를 일관되게 전달하고 이해관계자들과의 신뢰를 강화하는 데 중점을 둔다. RepTrak Institute는 통합 커뮤니케이션이 브랜드 평판 관리에서 얼마나 중요한 역할을 하는지를 강조하며, 이를 통해 기업이 소비자, 투자자, 직원 등 다양한 이해관계자들과 효과적으로 소통할 수 있는 방법을 제안한다. 이 전략은 광고, PR, 디지털 미디어 등 다양한 채널을 통합하여 일관된 메시지를 전달함으로써 신뢰와 존경을 구축하는 데 초점을 맞춘다.

RepTrak 데이터에 따르면, 통합 커뮤니케이션은 브랜드 평판 점수에 직접적인 영향을 미친다. 일관된 메시지는 소비자들에게 신뢰를 제공하며, 이는 브랜드 충성도와 매출 증가로 이어진다. 예를 들어, 코카콜라(Coca-Cola)는 "Share a Coke" 캠페인을 통해 개인화된 메시지와 글로벌 일관성을 결합한 사례로 주목받았다. 이 캠페인은 소비자들에게 자신만의 이야기를 브랜드와 연결할 수 있는 기회를 제공하며, 코카콜라가 단순한 음료 브랜드를 넘어 정서적 연결을 제공하는 글로벌 아이콘으로 자리 잡는 데 기여했다.

통합 커뮤니케이션 전략은 세 가지 주요 요소로 구성된다. 첫째, 일관된 메시지이다. 모든 채널에서 동일한 핵심 메시지를 전달함으로써 소비자와 이해관계자들에게 신뢰를 심어준다. 예를 들어, 애플(Apple)은 "Think Different"라는 슬로건을 통해 혁신과 창의성을 강조하며, 모든 마케팅 채널에서 이를 일관되게 유지했다.

둘째, 채널 간의 조화로운 통합이다. 광고, PR, 소셜 미디어 등 다양한 채널을 조화롭게 활용하여 메시지가 소비자들에게 효과적으로 전달되도록 한다. 예를 들어, 나이키(Nike)는 "Just Do It" 캠페인을 소셜 미디어와 전통적인 광고 채널에서 동시에 실행하며 글로벌 시장에서 강력한 브랜드 이미지를 구축했다.

셋째, 이해관계자 맞춤형 접근이다. 각 이해관계자의 요구와 기대에 맞춘 맞춤형 메시지를 전달하여 정서적 연결을 강화한다. 예를 들어, 유니레버(Unilever)는 지속 가능성을 강조하는 캠페인을 통해 소비자들에게 윤리적이고 책임감 있는 브랜드라는 이미지를 심어주었다.

디지털 시대에는 AI 기술이 통합 커뮤니케이션 전략의 중심에 있다. AI 기반 데이터 분석 도구는 소셜 미디어와 리뷰 데이터를 실시간으로 분석하여 소비자 행동과 감정을 파악하고, 이를 기반으로 맞춤형 메시지를 설계할 수 있도록 돕는다. 예를 들어, 넷플릭스(Netflix)는 AI 알고리즘을 활용해 사용자의 시청 기록과 선호도를 분석하여 개인화된 콘텐츠 추천 시스템을 구축했으며, 이는 고객 만족도와 브랜드 충성도를 높이는 데 기여했다.

그러나 통합 커뮤니케이션 전략에는 몇 가지 도전 과제도 존재한다. 첫째, 데이터의 정확성과 품질이 중요하다. 잘못된 데이터나 편향된 알고리즘은 부정확하거나 불공정한 결과를 초래할 수 있으며, 이는 브랜드 평판에 부정적인 영향을 미칠 수 있다. 둘째, 문화적 차이를 고려해야 한다. 글로벌 시장에서는 각 지역의 문화적 특성과 소비자 요구를 반영한 맞춤형 메시지가 필요하다.

결론적으로 RepTrak이 제안하는 통합 커뮤니케이션 전략은 현대 평판 관리에서 필수적인 요소로 자리 잡고 있다. 이는 단순히 메시지를 전달하는 것을 넘어 소비자와 정서적으로 연결되고 장기적인 신뢰를 구축하는 데 초점을 맞춘다. 디지털 시대에는 AI 기술과 데이터를 활용하여 더욱 정교하고 효과적인 통합 커뮤니케이션 전략을 실행하는 것이 중요하다.

핵심 요약

RepTrak 데이터는 통합 커뮤니케이션이 브랜드 평판 관리에서 핵심적인 역할을 한다고 강조한다. 코카콜라와 나이키 같은 사례는 일관된 메시지와 채널 간 통합이 소비자 신뢰와 충성도를 강화하는 데 어떻게 기여하는지를 보여준다. 디지털 시대에는 AI 기반 데이터 분석 도구가 실시간 데이터를 활용해 맞춤형 메시지 설계를 지원하며, 글로벌 시장에서도 효과적인 소통을 가능하게 한다

양방향 소통을 통한 신뢰 강화

현대 경영에서 양방향 소통은 단순히 정보를 전달하는 것을 넘어, 기업과 이해관계자 간의 신뢰를 구축하고 유지하는 데 핵심적인 역할을 한다. 이는 광고나 PR과 같은 일방향적인 커뮤니케이션 방식의 한계를 극복하며, 소비자, 투자자, 직원 등 이해관계자들과의 정서적 연결을 강화하는 데 초점을 맞춘다. RepTrak Institute와 여러 연구는 양방향 소통이 브랜드 평판 관리와 기업 성과에 미치는 긍정적인 영향을 강조하며, 이를 통해 기업이 장기적으로 신뢰를 구축할 수 있는 전략적 접근을 제안한다.

양방향 소통은 상호작용을 기반으로 하며, 대화를 통해 이해관계자들의 요구와 기대를 파악하고 이를 반영하는 과정을 포함한다. 예를 들어, 나이키(Nike)는 소셜 미디어 플랫폼을 활용해 소비자들과 직접 소통하며 피드백을 수집하고, 이를 제품 개발과 마케팅 전략에 반영했다. 이러한 접근은 소비자들에게 자신들의 의견이 존중받고 있다는 인식을 심어주며, 브랜드 충성도를 높이는 데 기여했다.

RepTrak 데이터는 양방향 소통이 브랜드 평판 점수에 직접적인 영향을 미친다는 점을 강조한다. 특히 디지털 시대에는 소셜 미디어와 리뷰 플랫폼이 양방향 소통의 주요 채널로 작용하며, 기업이 소비자와 실시간으로 상호 작용할 수 있는 기회를 제공한다. 예를 들어, 스타벅스는 고객 리뷰 데이터를 분석하여 매장 서비스와 메뉴 품질을 개선했으며, 이를 통해 고객 만족도를 높이고 신뢰를 강화했다.

양방향 소통은 세 가지 주요 원칙에 기반한다. 첫째, 진정성 있는 대화이다. 기업은 단순히 정보를 전달하는 것을 넘어, 이해관계자들의 의견을 경청하고 이를 반영해야 한다. 둘째, 투명성과 책임감이다. 문제를 인정하고 진솔하게 사과하며 구체적인 해결책을 제시함으로써 신뢰를 유지할 수 있다. 셋째, 지속적인 상호작용이다. 기업은 일회성 대화에 그치지 않고 지속적으로 이해관계자들과 소통하며 관계를 강화해야 한다.

디지털 시대에는 AI 기술이 양방향 소통에서 중요한 역할을 한다. AI 기반 감정 분석 도구는 소셜 미디어와 리뷰 데이터를 실시간으로 분석하여 이해관계자들의 요구와 기대를 파악하고, 이를 기반으로 맞춤형 메시지를 설계할 수 있도록 돕는다. 예를 들어, 특정 제품이나 서비스에 대한 부정적인 리뷰가 급증하면 AI 시스템이 이를 탐지하고 경고를 발송한다. 이는 기업이 문제를 조기에 인식하고 신속히 대응할 수 있는 기회를 제공한다.

그러나 양방향 소통에는 몇 가지 도전 과제도 존재한다. 첫째, 잘못된 정보나 부정확한 데이터는 오해를 초래할 수 있으며, 이는 신뢰를 훼손할 위험이 있다. 둘째, 문화적 차이를 고려하지 않은 메시지는 글로벌 시장에서 부정적으로 받아들여질 수 있다. 따라서 기업은 데이터를 활용할 때 투명성과 윤리적 기준을 준수하며, 각 지역의 문화적 특성을 반영한 맞춤형 접근법을 채택해야 한다.

결론적으로 양방향 소통은 현대 평판 관리에서 필수적인 요소로 자리 잡고 있다. RepTrak 데이터는 진정성과 투명성을 바탕으로 한 양방향 소통이 브랜드 평판 점수를 높이고 장기적인 신뢰를 구축한다고 강조한다. 디지털 시대에는 AI 기술과 데이터를 활용하여 더욱 정교하고 효과적인 양방향 소통 전략을 실행하는 것이 중요하다.

핵심 요약

양방향 소통은 기업과 이해관계자 간의 신뢰를 강화하는 데 핵심적인 역할을 한다. RepTrak 데이터는 진정성과 투명성을 바탕으로 한 상호작용이 브랜드 평판 점수를 높이고 소비자 충성도를 강화한다고 강조한다. 나이키와 스타벅스 같은 사례는 양방향 소통이 소비자와 정서적으로 연결되는 방식을 보여준다. 디지털 시대에는 AI 기반 데이터 분석 도구가 실시간 데이터를 활용해 맞춤형 메시지를 설계하고 상호작용을 최적화하는 데 중요한 역할을 한다.

활용 가이드

종합적인 평판 관리 전략

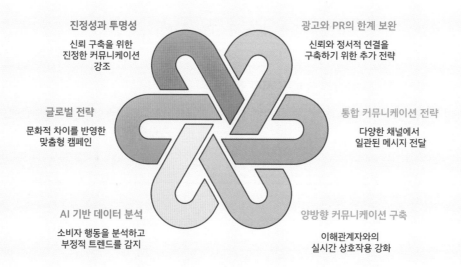

진정성과 투명성
신뢰 구축을 위한
진정한 커뮤니케이션
강조

광고와 PR의 한계 보완
신뢰와 정서적 연결을
구축하기 위한 추가 전략

글로벌 전략
문화적 차이를 반영한
맞춤형 캠페인

통합 커뮤니케이션 전략
다양한 채널에서
일관된 메시지 전달

AI 기반 데이터 분석
소비자 행동을 분석하고
부정적 트렌드를 감지

양방향 커뮤니케이션 구축
이해관계자와의
실시간 상호작용 강화

광고와 PR의 한계 보완

광고와 PR이 해결하지 못하는 신뢰와 정서적 연결을 강화하기 위해 평판 관리 전략을 추가적으로 실행합니다.

통합 커뮤니케이션 전략 실행

RepTrak 데이터를 활용해 광고, PR, 소셜 미디어 등 다양한 채널에서 일관된 메시지를 전달하고, 이해관계자와의 신뢰를 강화합니다.

양방향 소통 체계 구축

소비자, 투자자, 직원 등 이해관계자들과의 상호작용을 강화하기 위해 소셜 미디어와 리뷰 플랫폼에서 실시간으로 의견을 수집하고 대응합니다.

AI 기반 데이터 분석 도구 활용

AI 기술을 통해 소비자 행동과 감정을 분석하여 맞춤형 메시지를 설계하고, 부정적 트렌드를 조기에 감지해 신속히 대응합니다.

문화적 차이를 반영한 글로벌 전략 설계

각 지역의 문화적 특성과 소비자 기대를 고려한 맞춤형 메시지와 캠페인을 통해 글로벌 시장에서도 효과적인 평판 관리를 실행합니다.

진정성과 투명성 유지

모든 커뮤니케이션 활동에서 진정성과 투명성을 강조하여 신뢰를 구축하고 장기적인 관계를 형성합니다.

제14장

BTS와
K-컬처를 통한
글로벌
성공 사례

14.1

BTS가 보여준 공감 마케팅과
팬덤 구축 전략

BTS (방탄소년단)는 단순한 음악 그룹을 넘어, 글로벌 문화 현상으로 자리 잡으며 전 세계적으로 강력한 팬덤 (ARMY)을 구축했다. BTS의 성공은 단순히 음악적 재능에만 의존하지 않고, 공감 마케팅, 소셜 미디어 활용, 팬들과의 정서적 연결을 중심으로 한 전략적 접근에 기반한다. 이들은 브랜드 평판 관리와 공감 마케팅의 모범 사례로 평가받으며, RepTrak Institute와 여러 연구는 BTS의 성공 요인을 분석하며 이를 글로벌 브랜드와 기업들이 벤치마킹할 수 있는 사례로 제시한다.

BTS의 공감 마케팅은 정서적 연결을 중심으로 이루어진다. 이들은 팬들과의 관계를 단순히 소비자와 공급자의 관계로 보지 않고, 정서적 유대감을 형성하는 데 초점을 맞췄다. 예를 들어, BTS는 유니세프 (UNICEF)와 협력하여 "Love Myself" 캠페인을 진행하며, 청소년과 젊은 세대에게 긍정적인 메시지를 전달했다. 이 캠페인은 단순한 홍보 활동을 넘어 사회적 가치를 창출하며, BTS와 팬들 간의 신뢰를 강화하는 데 기여했다.

또한, BTS는 소셜 미디어 활용을 통해 글로벌 팬들과 실시간으로 소통하며 강력한 디지털 존재감을 구축했다. 트위터, 유튜브, 인스타그램 등 다양한 플랫폼에서 멤버들이 직접 콘텐츠를 제작하고 공유하며 팬들과의 거리를 좁혔다. 특히, 트위터에서 일상적인 순간을 공유하거나 팬들의 피드백에 응답하는 방식은 팬들에게 진정성과 친근함을 전달했다. RepTrak 데이터는 이러한 양방향 소통이 브랜드 평판 점수를 높이고 소비자 충성도를 강화한다고 강조한다.

BTS의 성공 전략은 또한 스토리텔링과 메시지 전달에 기반한다. 이들은 음악과 콘텐츠를 통해 청소년과 젊은 세대가 공감할 수 있는 주제를 다루며, 세대의 목소리를 대변했다. 예를 들어, "청춘", "자아 찾기", "사회적 압박"과 같은 주제는 전 세계 젊은 세대가 직면한 문제들을 반영하며, BTS가 단순한 음악 그룹을 넘어 세대의 아이콘으로 자리 잡는 데 기여했다.

RepTrak 데이터에 따르면, BTS와 같은 사례는 브랜드 평판 관리에서 감정적 연결과 사회적 책임이 얼마나 중요한지를 보여준다. 높은 평판 점수를 가진 브랜드나 개인은 소비자와 이해관계자들로부터 더 많은 신뢰와 지지를 얻으며, 이는 장기적인 성공으로 이어진다.

BTS의 성공은 또한 팬덤(ARMY)의 힘에 크게 의존한다. ARMY는 단순한 팬 그룹을 넘어 BTS의 메시지를 전파하고 브랜드 가치를 증폭시키는 중요한 역할을 한다. 예를 들어, ARMY는 자발적으로 BTS 관련 콘텐츠를 제작하고 공유하며, 글로벌 시장에서 BTS의 인지도를 높이는 데 기여했다. 이러한 자발적인 참여는 BTS가 강력한 커뮤니티 기반을 형성하는 데 중요한 요소로 작용했다.

디지털 시대에는 AI 기술이 이러한 공감 마케팅과 팬덤 관리에서 중요한 역할을 한다. AI 기반 데이터 분석 도구는 소셜 미디어 데이터를 실시간으로 분석하여 팬들의 요구와 기대를 파악하고, 이를 기반으로 맞춤형 콘텐츠와 메시지를 설계할 수 있도록 돕는다. 예를 들어, 특정 지역에서 특정 주제에 대한 관심이 증가하면 AI 시스템이 이를 탐지하고 해당 주제에 맞춘 캠페인을 제안할 수 있다.

결론적으로 BTS의 공감 마케팅과 팬덤 구축 전략은 현대 평판 관리와 브랜딩에서 중요한 교훈을 제공한다. 이는 단순히 제품이나 서비스를 홍보하는 것을 넘어 소비자와 정서적으로 연결되고 사회적 가치를 창출하는 데 초점을 맞춘다. 디지털 시대에는 AI 기술과 데이터를 활용하여 더욱 정교하고 효과적인 공감 마케팅 전략을 실행하는 것이 중요하다.

 핵심 요약

BTS는 공감 마케팅과 소셜 미디어 활용을 통해 글로벌 팬덤(ARMY)을 구축하며 브랜드 평판 관리의 모범 사례로 자리 잡았다. RepTrak 데이터는 감정적 연결과 사회적 책임이 브랜드 평판 점수를 높이는 데 중요하다고 강조하며, BTS의 사례는 이러한 전략이 어떻게 소비자 신뢰와 충성도를 강화하는지를 보여준다. 디지털 시대에는 AI 기반 데이터 분석 도구가 맞춤형 콘텐츠 설계와 팬덤 관리를 지원한다.

14.2

K-컬쳐가 한국 국가 이미지에 미친 영향 분석(RepTrak 활용)

K-컬처 (K-Culture)는 한국의 음악, 영화, 드라마, 음식, 패션 등 다양한 문화 콘텐츠를 통해 전 세계적으로 한국의 국가 이미지를 강화하는 데 중요한 역할을 하고 있다. 특히 BTS, 블랙핑크와 같은 K-팝 아이돌 그룹과 영화 기생충, 드라마 오징어 게임 등은 한국의 문화적 역량을 전 세계에 알리며 국가 브랜드 가치를 높이는 데 기여했다. RepTrak Institute와 여러 연구는 K-컬처가 한국의 국가 이미지와 기업 경쟁력에 미치는 영향을 분석하며, 이를 통해 문화 콘텐츠가 국가 평판 관리에서 얼마나 중요한지를 강조한다.

RepTrak 데이터에 따르면, 국가 이미지는 해당 국가에서 생산된 제품과 서비스에 대한 소비자 신뢰와 선호도에 직접적인 영향을 미친다. 한국은 K-컬처를 통해 긍정적인 국가 이미지를 구축하며, 글로벌 시장에서 "Made in Korea"라는 라벨이 품질과 혁신을 상징하도록 만들었다. 예를 들어, 삼성전자와 현대자동차는 K-컬처의 성공과 함께 글로벌 시장에서 신뢰받는 브랜드로 자리 잡았다. 이는 문화 콘텐츠가 단순히 엔터테인먼트의 역할을 넘어, 국가 경제와 기업 경쟁력에도 긍정적인 영향을 미친다는 것을 보여준다.

K-컬처가 한국 국가 이미지에 미친 영향은 세 가지 주요 측면에서 분

석할 수 있다. 첫째, 문화적 매력이다. BTS와 블랙핑크 같은 K-팝 아이돌 그룹은 음악과 퍼포먼스를 통해 전 세계 팬들과 정서적으로 연결되었으며, 이는 한국이라는 국가 브랜드를 글로벌 시장에서 긍정적으로 각인시키는 데 기여했다. 특히 BTS는 유니세프(UNICEF)와 협력한 "Love Myself" 캠페인을 통해 사회적 메시지를 전달하며 윤리적이고 책임감 있는 이미지를 구축했다.

둘째, 경제적 파급 효과이다. K-컬처는 관광 산업과 소비재 수출 증가로 이어지며 한국 경제에 직접적인 기여를 하고 있다. 예를 들어, 드라마 오징어 게임의 성공은 한국 음식과 패션에 관한 관심을 증폭시켰으며, 이는 김치, 떡볶이 같은 K-푸드(K-Food)와 한복 같은 전통 의상에 대한 글로벌 수요 증가로 이어졌다. RepTrak 데이터는 이러한 문화 콘텐츠가 소비자 신뢰도를 높이고 구매 결정을 유도하는 데 중요한 역할을 한다고 강조한다.

셋째, 외교적 영향력이다. K-컬처는 한국이 문화 강국으로 자리 잡는 데 기여하며, "소프트 파워"로서 외교적 영향력을 강화하고 있다. 예를 들어, 영화 기생충이 아카데미 시상식에서 작품상을 수상한 것은 단순한 영화적 성취를 넘어, 한국 문화의 우수성을 전 세계에 각인시키는 계기가 되었다. 이는 한국 정부가 추진하는 공공외교(Public Diplomacy) 전략에도 긍정적인 영향을 미쳤다.

디지털 시대에는 AI 기술이 K-컬처의 확산과 국가 이미지 관리에서 중요한 역할을 한다. AI 기반 데이터 분석 도구는 소셜 미디어 데이터를 실시간으로 분석하여 특정 콘텐츠나 캠페인에 대한 글로벌 반응을 파악하고, 이를 기반으로 맞춤형 전략을 설계할 수 있도록 돕는다. 예를 들어, 넷플릭스(Netflix)는 AI 알고리즘을 활용해 사용자의 시청 기록과 선호도를 분석하여 오징어 게임 같은 콘텐츠를 추천하며 글로벌 성공을 지원했다.

그러나 K-컬처를 통한 국가 이미지 강화에는 몇 가지 도전 과제도 존재한다. 첫째, 문화적 오해나 편견은 특정 콘텐츠가 잘못 해석되거나 부정적으로 받아들여질 위험을 내포하고 있다. 둘째, 지나치게 상업화된 접근은 진정성을 훼손할 수 있으며, 이는 장기적으로 신뢰를 약화시킬 수 있다. 따라서 정부와 기업은 협력하여 진정성 있고 지속 가능한 방식으로 문화 콘텐츠를 제작하고 유통해야 한다.

결론적으로 K-컬처는 한국의 국가 이미지를 강화하고 글로벌 시장에서 경쟁력을 확보하는 데 중요한 역할을 하고 있다. RepTrak 데이터는 문화 콘텐츠가 소비자 신뢰와 기업 성과에 미치는 긍정적인 영향을 강조하며, 디지털 시대에는 AI 기술과 데이터를 활용하여 더욱 정교하고 효과적인 전략을 실행하는 것이 중요하다고 제안한다.

핵심 요약

K-컬처는 BTS와 오징어 게임 같은 사례를 통해 한국의 국가 이미지를 강화하며 글로벌 시장에서 "Made in Korea"라는 라벨이 품질과 혁신의 상징이 되도록 만들었다. RepTrak 데이터는 이러한 문화 콘텐츠가 소비자 신뢰와 경제적 파급 효과를 증대시키며 외교적 영향력을 강화한다고 강조한다. 디지털 시대에는 AI 기반 데이터 분석 도구가 이러한 전략을 더욱 정교하게 지원한다.

14.3

K-콘텐츠의 글로벌 확산 전략과 평판 관리

K-콘텐츠 (K-Content)는 한국의 음악, 영화, 드라마, 게임 등 다양한 문화 콘텐츠를 통해 전 세계적으로 확산되며, 한국의 국가 이미지와 브랜드 가치를 강화하는 데 중요한 역할을 하고 있다. 특히 디지털 시대에는 스트리밍 플랫폼과 소셜 미디어를 통해 K-콘텐츠가 빠르게 글로벌 시장에 도달하며, 이는 국가 평판과 기업 경쟁력에도 긍정적인 영향을 미친다. RepTrak Institute와 여러 연구는 K-콘텐츠의 글로벌 확산 전략이 브랜드 평판 관리와 국가 이미지 강화에 미치는 영향을 분석하며, 이를 통해 문화 콘텐츠가 현대 경제에서 필수적인 자산임을 강조한다.

RepTrak 데이터에 따르면, K-콘텐츠는 한국의 국가 이미지와 브랜드 신뢰도를 높이는 데 중요한 역할을 한다. 예를 들어, 드라마 오징어 게임은 넷플릭스를 통해 전 세계적으로 인기를 끌며 한국 콘텐츠의 독창성과 품질을 입증했다. 이 성공은 단순히 엔터테인먼트 산업에 그치지 않고, 한국 음식(K-Food), 패션(K-Fashion), 뷰티(K-Beauty) 등 다른 산업에도 긍정적인 파급 효과를 미쳤다. 이는 문화 콘텐츠가 국가 평판과 경제적 성과에 미치는 다차원적인 영향을 보여준다.

K-콘텐츠의 글로벌 확산 전략은 세 가지 주요 요소로 구성된다. 첫째,

디지털 플랫폼 활용이다. 넷플릭스(Netflix), 유튜브(YouTube), 트위터(Twitter)와 같은 글로벌 플랫폼은 K-콘텐츠가 전 세계 관객에게 도달할 수 있는 주요 채널로 작용한다. 예를 들어, 블랙핑크(Blackpink)는 유튜브를 활용해 뮤직비디오와 라이브 방송을 통해 팬들과 실시간으로 소통하며 글로벌 팬덤을 구축했다.

둘째, 문화적 정체성 강조이다. K-콘텐츠는 한국 고유의 문화적 요소를 반영하면서도 글로벌 관객이 공감할 수 있는 보편적인 주제를 다룬다. 예를 들어, 영화 기생충은 계층 간 갈등이라는 보편적인 주제를 한국적 맥락에서 풀어내며 전 세계 관객들에게 깊은 인상을 남겼다. 이러한 접근은 K-콘텐츠가 단순한 지역적 콘텐츠를 넘어 글로벌 스토리텔링의 모범 사례로 자리 잡는 데 기여했다.

셋째, 팬덤 기반 커뮤니티 구축이다. K-팝 아이돌 그룹 BTS와 블랙핑크는 강력한 팬덤(ARMY, BLINK)을 통해 콘텐츠 소비를 넘어 팬들이 자발적으로 콘텐츠를 홍보하고 확산시키는 생태계를 구축했다. 이러한 팬덤 기반 커뮤니티는 K-콘텐츠가 지속적으로 주목받고 소비되도록 하는 중요한 동력으로 작용한다.

RepTrak 데이터는 K-콘텐츠의 성공이 한국 기업과 브랜드에도 긍정적인 영향을 미친다는 점을 강조한다. 예를 들어, 삼성전자와 현대자동차는 K-콘텐츠의 성공과 함께 "Made in Korea"라는 라벨이 품질과 혁신을 상징하도록 만들었다. 이는 문화 콘텐츠가 단순히 엔터테인먼트 산업에 그치지 않고, 국가 경제와 기업 경쟁력에도 기여할 수 있음을 보여준다.

디지털 시대에는 AI 기술이 K-콘텐츠의 글로벌 확산과 평판 관리에서 중요한 역할을 한다. AI 기반 데이터 분석 도구는 소셜 미디어 데이터를 실시간으로 분석하여 특정 콘텐츠나 캠페인에 대한 글로벌 반응을 파악하고, 이를 기반으로 맞춤형 전략을 설계할 수 있도록 돕는다. 예를 들어, AI는 특정 지역에서 특정 장르나 주제에 관한 관심이 증가하면 이를 탐지하고 해당 지역에 맞춘 마케팅 캠페인을 제안할 수 있다.

그러나 K-콘텐츠의 글로벌 확산에는 몇 가지 도전 과제도 존재한다. 첫째, 문화적 오해나 편견은 특정 콘텐츠가 잘못 해석되거나 부정적으로 받아들여질 위험을 내포하고 있다. 둘째, 지나치게 상업화된 접근은 진정성을 훼손할 수 있으며, 이는 장기적으로 신뢰를 약화시킬 수 있다. 따라서 정부와 기업은 협력하여 진정성 있고 지속 가능한 방식으로 K-콘텐츠를 제작하고 유통해야 한다.

결론적으로 K-콘텐츠는 한국의 국가 이미지와 브랜드 가치를 강화하는 데 중요한 역할을 하고 있다. RepTrak 데이터는 문화 콘텐츠가 소비자 신뢰와 경제적 성과에 미치는 긍정적인 영향을 강조하며, 디지털 시대에는 AI 기술과 데이터를 활용하여 더욱 정교하고 효과적인 글로벌 확산 전략을 실행하는 것이 중요하다고 제안한다.

 핵심 요약

K-콘텐츠는 오징어 게임과 블랙핑크 같은 사례를 통해 한국의 국가 이미지와 브랜드 가치를 강화하며 글로벌 시장에서 "Made in Korea"라는 라벨이 품질과 혁신의 상징이 되도록 만들었다. RepTrak 데이터는 이러한 문화 콘텐츠가 소비자 신뢰와 경제적 성과를 증대시키며 팬덤 기반 커뮤니티와 디지털 플랫폼 활용이 성공 요인임을 강조한다. 디지털 시대에는 AI 기반 데이터 분석 도구가 맞춤형 전략 설계와 글로벌 확산을 지원한다.

활용 가이드

K-문화로 국가 이미지 향상

지속 가능성과 진정성

K-콘텐츠 활용

AI 기반 반응 분석

디지털 플랫폼 최적화

팬덤 커뮤니티 구축

문화적 정체성 강조

K-컬처를 통한 국가 이미지 강화

BTS, 오징어 게임 등 K-콘텐츠의 성공 사례를 활용해 한국의 국가 이미지를 강화하고, 글로벌 시장에서 "Made in Korea"의 신뢰도를 높입니다.

디지털 플랫폼 최적화

유튜브, 넷플릭스 등 글로벌 플랫폼을 통해 K-콘텐츠를 확산시키고, AI

기반 데이터 분석을 활용해 특정 지역과 소비자 그룹에 맞춘 전략을 설계합니다.

문화적 정체성 강조

한국 고유의 문화적 요소와 보편적인 주제를 결합한 콘텐츠로 글로벌 관객의 공감을 끌어냅니다.

팬덤 기반 커뮤니티 구축

BTS와 블랙핑크 사례처럼 팬덤(ARMY, BLINK)을 활용해 자발적인 콘텐츠 확산과 브랜드 충성도를 강화합니다.

AI 기반 글로벌 반응 분석

AI 기술을 통해 소셜 미디어 데이터를 실시간으로 분석하여 콘텐츠에 대한 글로벌 반응을 파악하고, 이를 기반으로 맞춤형 캠페인을 실행합니다.

지속 가능성과 진정성 유지

지나친 상업화를 피하고, 진정성 있는 메시지와 사회적 가치를 담은 콘텐츠로 장기적인 신뢰를 구축합니다.

제15장

미래에도 지속될
평판 관리의
중요성

디지털 시대에서
평판 관리가 생존 자산인 이유

디지털 시대에는 기업과 개인의 평판이 단순한 이미지 관리의 차원을 넘어, 생존과 지속 가능성을 좌우하는 핵심 자산으로 자리 잡고 있다. 정보의 확산 속도가 빠르고 소비자와 이해관계자들이 실시간으로 평가를 내리는 환경에서, 평판은 기업의 경쟁력과 신뢰를 결정짓는 중요한 요소로 작용한다. RepTrak Institute와 여러 연구는 평판 관리가 왜 현대 경영에서 필수적인 전략인지에 대해 강조하며, 이를 통해 기업과 개인이 성공적으로 신뢰를 구축할 수 있는 방법을 제시한다.

RepTrak 데이터에 따르면, 평판 점수가 높은 기업은 소비자 충성도, 투자 유치 가능성, 직원 만족도 등 다양한 지표에서 더 높은 성과를 보인다. 예를 들어, 애플(Apple)은 혁신적이고 신뢰할 수 있는 브랜드로 자리 잡으며 높은 평판 점수를 유지하고 있다. 이는 소비자들이 단순히 제품을 구매하는 것을 넘어, 브랜드의 가치와 철학에 공감하고 지지한다는 것을 보여준다.

디지털 시대에서 평판 관리가 중요한 이유는 세 가지로 요약할 수 있다.

첫째, 정보의 투명성과 확산 속도이다. 소셜 미디어와 리뷰 플랫폼은 소비자와 이해관계자들이 브랜드나 개인에 대한 의견을 실시간으로 공유할 수 있는 공간을 제공한다. 예를 들어, 폭스바겐 디젤 게이트 사건은 부정적인 정보가 얼마나 빠르게 확산되고 기업 평판에 치명적인 영향을 미칠 수 있는지를 보여주는 대표적인 사례다.

둘째, 평판이 의사결정에 미치는 영향력이다. 소비자들은 제품이나 서비스를 선택할 때 단순히 가격이나 품질만을 고려하지 않고, 해당 브랜드가 가진 평판을 중요한 기준으로 삼는다. RepTrak 데이터는 소비자의 60% 이상이 긍정적인 평판을 가진 브랜드를 선호하며, 이는 구매 결정뿐만 아니라 장기적인 충성도로 이어진다고 강조한다.

셋째, 위기 상황에서의 방어막 역할이다. 높은 평판 점수를 가진 기업은 위기 상황에서도 더 빠르게 회복할 수 있다. 예를 들어, 스타벅스는 인종차별 논란 이후 CEO가 직접 나서서 사과하고 재발 방지를 위한 교육 프로그램을 도입함으로써 소비자 신뢰를 회복했다. 이는 이미 형성된 신뢰가 위기 상황에서도 브랜드를 보호하는 방어막 역할을 한다는 점을 보여준다.

디지털 시대에는 AI 기술이 평판 관리에서 중요한 역할을 한다. AI 기반 감정 분석 도구는 소셜 미디어와 리뷰 데이터를 실시간으로 분석하여 부정적 트렌드를 조기에 감지하고 대응할 수 있는 기회를 제공한다. 또한 AI는 소비자의 행동과 선호도를 분석하여 개인화된 경험을 제공함으로써 소비자와 브랜드 간의 정서적 연결을 강화한다.

그러나 디지털 환경에서 평판 관리는 몇 가지 도전 과제도 동반한다. 첫째, 잘못된 정보나 가짜 뉴스는 브랜드 이미지에 심각한 손상을 줄 수 있다. 둘째, 데이터 윤리와 개인정보 보호 문제가 중요하게 대두되고 있다. 따라서 기업은 데이터를 활용할 때 투명성과 윤리적 기준을 철저히 준수해야 한다.

결론적으로 디지털 시대에서 평판 관리는 단순한 선택이 아니라 생존을 위한 필수 전략이다. RepTrak 데이터는 긍정적인 평판이 소비자 신뢰와 충성도를 강화하며 위기 상황에서도 브랜드를 보호한다고 강조한다. AI 기술과 데이터를 활용하여 더욱 정교하고 효과적인 평판 관리 전략을 실행하는 것이 현대 경영에서 성공의 열쇠가 될 것이다.

 핵심 요약

디지털 시대에서 평판 관리는 기업과 개인의 생존과 지속 가능성을 좌우하는 핵심 자산이다. RepTrak 데이터는 높은 평판 점수가 소비자 충성도와 투자 유치 가능성을 높이고 위기 상황에서도 방어막 역할을 한다고 강조한다. 폭스바겐과 스타벅스 사례는 긍정적 평판 관리가 얼마나 중요한지를 보여주며, AI 기술은 실시간 데이터 분석과 맞춤형 전략 설계를 지원한다.

15.2

RepTrak이 제시하는
미래 트렌드 5가지

RepTrak Institute는 평판 관리가 기업과 개인의 지속 가능성을 보장하는 핵심 전략임을 강조하며, 디지털 시대와 미래의 변화에 대응하기 위한 다섯 가지 주요 트렌드를 제시한다. 이 트렌드는 기업이 급변하는 환경에서 경쟁력을 유지하고 신뢰를 강화하기 위해 반드시 고려해야 할 요소로, 평판 관리의 새로운 방향성을 제시한다.

1. 데이터 중심의 의사결정(Data-Driven Decision-Making)

디지털 시대에는 데이터가 모든 의사결정의 핵심 자산으로 자리 잡고 있다. RepTrak은 데이터 기반 접근이 평판 관리에서 필수적이라고 강조하며, 실시간 데이터 분석을 통해 소비자와 이해관계자의 요구를 파악하고 대응할 것을 제안한다. AI 기반 데이터 분석 도구는 소셜 미디어와 리뷰 데이터를 실시간으로 수집하고 감정 분석을 통해 부정적 트렌드를 조기에 감지할 수 있다. 예를 들어, 넷플릭스(Netflix)는 AI를 활용해 사용자 선호도를 분석하여 맞춤형 콘텐츠를 제공하며 고객 충성도를 강화했다.

2. ESG(환경, 사회, 거버넌스) 경영의 중요성

미래에는 ESG 경영이 기업 평판 관리의 중심이 될 것이다. 소비자와 투자자들은 기업의 지속 가능성과 사회적 책임을 평가 기준으로 삼고 있으며, RepTrak 데이터는 ESG 활동이 브랜드 신뢰와 투자 유치 가능성을 높이는 데 중요한 역할을 한다고 강조한다. 예를 들어, 유니레버(Unilever)는 플라스틱 사용 감소와 친환경 제품 개발을 통해 ESG 경영을 실천하며 높은 평판 점수를 유지하고 있다.

3. 개인화된 경험 제공(Personalized Experiences)

소비자들은 점점 더 개인화된 경험을 기대하고 있으며, 이는 평판 관리에서도 중요한 요소로 작용한다. RepTrak은 AI 기술을 활용해 소비자 행동과 선호도를 분석하여 맞춤형 메시지와 경험을 제공할 것을 제안한다. 예를 들어, 아마존(Amazon)은 개인화된 제품 추천 시스템을 통해 고객 만족도를 높이고 브랜드 충성도를 강화했다.

4. 위기관리 및 신속한 대응(Crisis Management and Agility)

RepTrak은 위기 상황에서 신속하고 투명한 대응이 평판 관리의 핵심이라고 강조한다. 위기 초기 24시간 내에 대응 전략을 실행하는 것이 중요하며, 이를 위해 AI 기반 감정 분석 도구가 활용될 수 있다. 예를 들어, 스타벅스는 인종차별 논란 이후 CEO가 직접 사과하고 재발 방지 대책을 발표하며 소비자 신뢰를 회복했다.

5. 디지털 커뮤니케이션과 양방향 소통(Digital Communication and Two-Way Interaction)

소셜 미디어와 리뷰 플랫폼은 소비자와 기업 간의 양방향 소통을 가능하게 하며, 이는 브랜드 평판 관리에서 중요한 역할을 한다. RepTrak은 디지털 커뮤니케이션 전략을 통해 소비자와 정서적으로 연결되고 신뢰를 강화할 것을 권장한다. 예를 들어, 나이키(Nike)는 "Just Do It" 캠페인을 소셜 미디어에서 성공적으로 실행하며 글로벌 시장에서 강력한 브랜드 이미지를 구축했다.

RepTrak이 제시하는 다섯 가지 미래 트렌드는 데이터 중심 의사결정, ESG 경영, 개인화된 경험 제공, 위기관리, 디지털 커뮤니케이션으로 요약된다. 이 트렌드는 기업과 개인이 급변하는 환경에서 경쟁력을 유지하고 장기적인 신뢰를 구축하기 위한 필수적인 접근법이다.

 핵심 요약

RepTrak은 데이터 중심 의사결정, ESG 경영, 개인화된 경험 제공, 위기관리, 디지털 커뮤니케이션이 미래 평판 관리의 핵심 트렌드라고 강조한다. 유니레버와 넷플릭스 같은 사례는 이러한 트렌드가 브랜드 신뢰와 경쟁력 강화에 어떻게 기여하는지를 보여준다.

지속 가능한 성장과
신뢰 구축을 위한 결론

디지털 시대와 글로벌화가 가속화되는 현재, 평판 관리는 기업과 개인의 지속 가능한 성장과 신뢰 구축을 위한 핵심 전략으로 자리 잡고 있다. RepTrak Institute와 여러 연구는 평판 관리가 단순한 이미지 관리의 차원을 넘어, 기업의 생존과 경쟁력을 좌우하는 필수 요소임을 강조한다. 이는 소비자, 투자자, 직원 등 이해관계자들과의 신뢰를 바탕으로 장기적인 성공을 보장하는 데 초점이 맞춰져 있다.

평판 관리의 핵심 교훈, 신뢰는 가장 중요한 자산이다.

평판은 단순히 긍정적인 이미지를 유지하는 것을 넘어, 소비자와 이해관계자들로부터 신뢰를 얻는 데 초점을 맞춘다. RepTrak 데이터에 따르면, 높은 평판 점수를 가진 기업은 위기 상황에서도 더 빠르게 회복하며, 이는 이미 형성된 신뢰가 방어막 역할을 하기 때문이다. 예를 들어, 스타벅스는 인종차별 논란 이후 투명성과 진정성을 바탕으로 신속히 대응하며 소비자 신뢰를 회복했다.

ESG 경영과 사회적 책임의 중요성

지속 가능성과 사회적 책임은 현대 소비자와 투자자들이 기업을 평가하는 주요 기준이 되고 있다. RepTrak 연구는 ESG(환경, 사회, 거버넌스) 활동이 브랜드 신뢰와 투자 유치 가능성을 높이는 데 중요한 역할을 한다고 강조한다. 유니레버와 같은 기업은 ESG 경영을 통해 높은 평판 점수를 유지하며 글로벌 시장에서 경쟁력을 강화하고 있다.

디지털 기술의 활용

디지털 시대에는 AI 기반 데이터 분석 도구가 평판 관리에서 중요한 역할을 한다. AI는 소셜 미디어와 리뷰 데이터를 실시간으로 분석하여 부정적 트렌드를 조기에 감지하고 대응할 수 있는 기회를 제공한다. 또한 AI는 소비자의 행동과 선호도를 분석하여 개인화된 경험을 제공함으로써 브랜드 충성도를 강화한다.

양방향 소통과 정서적 연결

평판 관리는 단순히 메시지를 전달하는 것을 넘어, 소비자와 정서적으로 연결되고 지속적으로 소통하는 것을 목표로 한다. BTS와 같은 사례는 팬덤 기반 커뮤니티를 활용해 글로벌 시장에서 강력한 브랜드 이미지를 구축하며, 공감 마케팅의 중요성을 보여준다.

위기관리와 투명성

위기 상황에서의 투명성과 신속한 대응은 평판 관리를 위한 필수 요소이다. 폭스바겐 디젤 게이트 사건은 부정적인 정보가 얼마나 빠르게 확산될 수 있는지를 보여주는 사례로, 위기관리의 중요성을 강조한다. RepTrak 데이터는 위기 초기 24시간 이내에 대응 전략을 실행하는 것이 소비자 신뢰를 유지하는 데 필수적이라고 제안한다.

미래를 위한 방향성

평판 관리는 단기적인 성과를 넘어 장기적인 신뢰 구축과 지속 가능한 성장을 목표로 해야 한다. 이를 위해 기업은 다음과 같은 전략을 실행해야 한다:

데이터 기반 접근: 실시간 데이터를 활용하여 소비자와 이해관계자의

요구를 파악하고 이에 맞춘 전략을 설계한다.

ESG 경영 강화: 환경 보호, 사회적 기여, 윤리적 경영을 통해 지속 가능성과 신뢰를 동시에 확보한다.

AI 기술 활용: AI 기반 감정 분석 도구를 통해 부정적 트렌드를 조기에 감지하고 신속히 대응한다.

진정성과 투명성 유지: 모든 커뮤니케이션 활동에서 진정성과 투명성을 강조하여 이해관계자들과의 신뢰를 강화한다.

RepTrak Institute와 다양한 연구는 평판 관리가 현대 경영에서 필수적인 요소임을 명확히 보여준다. 이는 단순히 브랜드 이미지를 강화하는 것을 넘어, 장기적인 신뢰를 구축하고 글로벌 시장에서 경쟁력을 유지하기 위한 핵심 전략이다. 디지털 시대에는 AI 기술과 데이터를 활용하여 더욱 정교하고 효과적인 평판 관리 전략을 실행해야 하며, 이를 통해 기업은 지속 가능한 성장과 성공을 이룰 수 있을 것이다.

핵심 요약

평판 관리는 기업과 개인의 지속 가능한 성장과 신뢰 구축을 위한 필수 전략이다. RepTrak 데이터는 ESG 경영, AI 기술 활용, 양방향 소통 등이 브랜드 평판 점수를 높이고 장기적인 성공을 보장한다고 강조한다. 디지털 시대에는 진정성과 투명성을 바탕으로 한 데이터 중심 접근이 미래 평판 관리의 핵심이 될 것이다. 다음 장(활용 가이드)도 동일한 방식으로 작성 가능합니다!

활용 가이드

데이터 기반 평판 관리 사이클

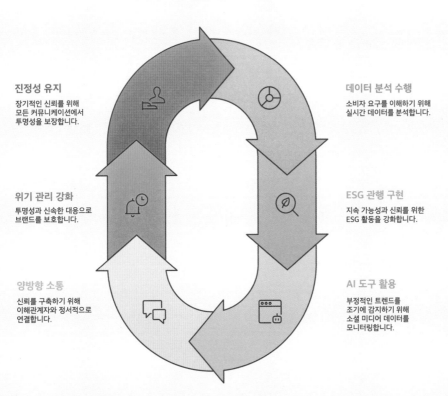

진정성 유지
장기적인 신뢰를 위해
모든 커뮤니케이션에서
투명성을 보장합니다.

데이터 분석 수행
소비자 요구를 이해하기 위해
실시간 데이터를 분석합니다.

위기 관리 강화
투명성과 신속한 대응으로
브랜드를 보호합니다.

ESG 관행 구현
지속 가능성과 신뢰를 위한
ESG 활동을 강화합니다.

양방향 소통
신뢰를 구축하기 위해
이해관계자와 정서적으로
연결합니다.

AI 도구 활용
부정적인 트렌드를
조기에 감지하기 위해
소셜 미디어 데이터를
모니터링합니다.

데이터 중심 접근 강화

실시간 데이터를 활용해 소비자와 이해관계자의 요구를 분석하고, 이를
기반으로 맞춤형 평판 관리 전략을 설계합니다.

ESG 경영 실천

환경, 사회, 거버넌스(ESG) 활동을 강화하여 지속 가능성과 신뢰를 동시에 확보하며, 투자자와 소비자에게 긍정적인 이미지를 제공합니다.

AI 기술 활용

AI 기반 감정 분석 도구를 통해 소셜 미디어와 리뷰 데이터를 실시간으로 모니터링하고, 부정적 트렌드를 조기에 감지해 신속히 대응합니다.

양방향 소통 체계 구축

디지털 커뮤니케이션을 활용해 소비자 및 이해관계자들과 정서적으로 연결되고 지속적으로 소통하여 신뢰를 강화합니다.

위기관리 체계 강화

위기 상황에서 투명성과 신속한 대응을 통해 브랜드 평판을 보호하며, 위기 초기 24시간 이내에 실행 가능한 전략을 수립합니다.

진정성과 투명성 유지

모든 커뮤니케이션 활동에서 진정성과 투명성을 강조하여 장기적인 신뢰를 구축하고 유지합니다.

파트2

개인
디지털 평판
브랜딩
(퍼스널 브랜딩)

제**16**장

퍼스널 브랜딩의
중요성과
AI의 활용

16.1

디지털 시대의 퍼스널 브랜딩 필요성

디지털 시대는 개인의 정체성과 가치를 기반으로 자신을 브랜드화하는 퍼스널 브랜딩의 중요성을 더욱 부각시키고 있다. 과거에는 브랜드라는 개념이 주로 기업이나 제품에 국한되었지만, 이제는 개인도 자신의 고유한 정체성을 정의하고 이를 통해 사회적, 직업적 가치를 창출할 수 있는 시대가 되었다. 특히 디지털 기술과 소셜 미디어의 발전은 개인이 글로벌 무대에서 자신을 홍보하고 네트워크를 확장할 수 있는 도구를 제공한다. 퍼스널 브랜딩은 단순히 자신을 알리는 것을 넘어, 신뢰와 존경을 바탕으로 한 관계를 형성하는 데 초점이 맞춰져 있다.

디지털 환경에서는 개인의 온라인 존재감이 곧 그 사람의 브랜드로 인식된다. LinkedIn, Instagram, YouTube와 같은 플랫폼은 개인이 자신의 경력과 성취를 전 세계에 알릴 수 있는 기회를 제공하며, 이는 새로운 직업 기회, 네트워킹, 그리고 비즈니스 성과로 이어질 수 있다. 예를 들어, 한 공무원이 은퇴 후 강연가로 전환하려는 경우, 기존의 경력을 바탕으로 자신의 전문성을 강조하는 콘텐츠를 제작하고 이를 소셜 미디어 플랫폼에 공유함으로써 새로운 청중과 연결될 수 있다. 이러한 과정은 단순히 프로필을 작성하는 것을 넘어, 자신을 하나의 브랜드로 포지셔닝하는 데 기여한다.

　퍼스널 브랜딩이 중요한 이유는 다음과 같다. 첫째, 신뢰와 신뢰성 구축이다. 퍼스널 브랜딩은 자신을 신뢰할 수 있는 전문가로 포지셔닝하는 데 핵심적인 역할을 한다. 예를 들어, LinkedIn에서 활동적인 전문가들은 자신의 경력과 성과를 공유하며 네트워크를 확장하고 신뢰를 구축한다. 이는 단순히 직업적 성공뿐만 아니라 개인적 신뢰도에도 긍정적인 영향을 미친다. 둘째, 기회 창출이다. 강력한 퍼스널 브랜드는 새로운 기회를 창출할 수 있다. 예를 들어, 소셜 미디어에서 일관된 메시지를 전달하고 전문성을 강조하면 강연 요청, 협업 제안 또는 새로운 직업 기회를 얻을 가능성이 높아진다. 셋째, 차별화된 경쟁력 제공이다. 디지털 환경에서는 경쟁이 치열하다. 퍼스널 브랜딩은 자신만의 고유한 가치를 강조하여 다른 사람들과 차별화될 수 있는 기회를 제공한다.

　퍼스널 브랜딩은 체계적인 프로세스를 통해 실행된다. 첫 번째 단계는 자기 분석(Self-Assessment)이다. 자신의 강점, 약점, 가치관, 목표 등을 명확히 정의해야 한다. 이를 위해 "나는 무엇을 잘하는가?", "나의 핵심 가치와 목표는 무엇인가?", "나는 어떤 분야에서 차별화될 수 있는가?"와 같은 질문에 답해보는 것이 중요하다. 두 번째 단계는 브랜드 아이덴티티 정의(Define Your Identity)이다. 자신만의 고유한 정체성을 정의하고 이를 시각적 및 언어적으로 표현해야 한다. 예를 들어, 특정 색상과 로고 디자인을 활용하거나 일관된 메시지를 전달하는 것이 중요하다.

　세 번째 단계는 디지털 플랫폼 활용(Digital Presence)이다. LinkedIn 프로필 최적화, 블로그 콘텐츠 작성, YouTube 채널 운영 등 디지털 플랫폼에서 일관된 메시지를 전달해야 한다. 예를 들어, 한 강연가는 자신의 주요 강연 주제를 중심으로 블로그 포스트와 동영상을 제작하여 청중과 연결되었다. 네 번째 단계는 스토리텔링 활용(Storytelling)이다. 스토리텔링은 사람들에게 감정적 연결을 제공하며 기억에 남는 메시지를 전달한다. 자신의 경력 전환 과정을 이야기 형식으로 풀어내면 청중에게 더 큰 공감을 얻을 수 있다.

AI 기술은 퍼스널 브랜딩에 있어 혁신적인 도구로 작용한다. AI 기반 데이터 분석 도구는 개인의 온라인 평판을 실시간으로 모니터링하고 긍정적·부정적 트렌드를 분석하여 대응 전략을 제안한다. ChatGPT와 같은 생성형 AI는 개인화된 콘텐츠를 빠르게 생성할 수 있으며, 이는 블로그 포스트, 소셜 미디어 게시물 등 다양한 형태로 활용될 수 있다.

결론적으로 디지털 시대에서 퍼스널 브랜딩은 단순한 선택이 아니라 필수 전략이다. 이는 자신만의 고유한 가치를 정의하고 이를 기반으로 차별화된 이미지를 구축하며 신뢰와 존경을 얻는 과정이다. AI 기술과 데이터를 활용하여 더욱 정교하고 효과적인 퍼스널 브랜딩 전략을 실행함으로써 우리는 지속 가능한 성장과 성공을 이룰 수 있을 것이다.

16.2

AI 기술을 활용한 퍼스널 브랜딩 전략

AI는 퍼스널 브랜딩의 혁신을 이끌며 개인이 자신의 브랜드를 더욱 정교하고 효과적으로 구축할 수 있도록 돕고 있다. 디지털 시대에서 AI는 단순히 데이터를 분석하는 것을 넘어, 개인의 정체성을 강화하고 이를 기반으로 한 전략적 브랜딩을 가능하게 하는 강력한 도구로 자리 잡았다. AI는 콘텐츠 생성, 데이터 분석, 맞춤형 메시지 전달 등 다양한 방식으로 퍼스널 브랜딩의 모든 단계를 지원한다.

AI는 특히 자기 분석(Self-Assessment) 단계에서 유용하다. AI 기반 도구는 개인의 경력, 성과, 가치관을 분석하여 강점과 약점을 명확히 파악할 수 있도록 돕는다. 예를 들어, Crystal과 같은 AI 도구는 LinkedIn 프로필을 분석해 사용자의 성격 유형과 커뮤니케이션 스타일을 제안한다. 이를 통해 개인은 자신의 전문성과 차별화된 가치를 더욱 명확히 정의할 수 있다. ChatGPT와 같은 생성형 AI는 "나의 경력과 성과를 바탕으로 나만의 강점과 약점을 분석해 주세요."라는 프롬프트를 통해 구체적인 피드백을 제공할 수 있다.

AI는 브랜드 아이덴티티 정의(Define Your Identity)에도 중요한 역할을 한다. Canva와 같은 디자인 도구는 AI를 활용해 개인의 브랜드 로고와 색상 조합을 자동으로 추천하며, 일관된 시각적 아이덴티티를 구축할 수 있도록 돕는다. 예를 들어, "나는 지속 가능한 성장을 중심으로 한 브랜드를 구축하고자 합니다. 이에 맞는 로고와 색상 조합을 제안해 주세요."라는 요청에 따라 AI가 시각적 요소를 설계할 수 있다. 이는 개인이 자신의 브랜드 가치를 시각적으로 표현하는 데 큰 도움을 준다.

디지털 플랫폼 활용(Digital Presence)에서도 AI는 강력한 지원 도구로 작용한다. Hootsuite와 같은 소셜 미디어 관리 도구는 AI 알고리즘을 통해 최적의 게시 시간과 해시태그를 추천하며, 콘텐츠의 도달 범위와 참여도를 극대화한다. 예를 들어, 한 코칭 전문가는 Hootsuite의 추천에 따라 특정 시간대에 게시물을 업로드해 팔로워 참여율을 35% 증가시켰다. 또한 ChatGPT는 "중장년층의 재취업을 돕는 5가지 팁에 대한 블로그 포스트를 작성해 주세요."라는 요청에 따라 고품질의 콘텐츠를 생성할 수 있다.

스토리텔링 활용(Storytelling)에서도 AI는 중요한 역할을 한다. AI 기반 감정 분석 도구는 소셜 미디어 댓글이나 리뷰 데이터를 분석해 청중이 가장 공감하는 주제를 식별할 수 있다. 이를 통해 개인은 자신의 경험과 성과를 이야기 형식으로 풀어내어 청중과 정서적으로 연결될 수 있다. 예를 들어, 한 강연가는 자신의 경력 전환 과정을 이야기 형식으로 작성하고 이를 소셜 미디어에 공유함으로써 팔로워 수를 2배로 늘렸다.

AI는 네트워킹(Networking) 활동에서도 활용될 수 있다. LinkedIn Sales Navigator와 같은 도구는 타깃층과의 네트워크 확장을 지원하며, 개인화된 추천 목록을 제공한다. 예를 들어, "나는 40대 이상의 직장인들을 대상으로 강연을 하고자 합니다. 이에 맞는 네트워크를 확장할 수 있는 방법을 제안해 주세요."라는 요청에 따라 AI가 적합한 네트워크 연결 기회를 제안할 수 있다.

AI 기반 평판 관리 도구(Reputation Management)는 개인의 온라

인 평판을 실시간으로 모니터링하고 부정적 트렌드를 조기에 감지한다. Brandwatch와 같은 도구는 개인 이름이나 브랜드 키워드에 대한 언급을 추적하며, 필요 시 신속하게 대응할 수 있도록 알림을 제공한다. 예를 들어, 한 전문가가 Brandwatch를 통해 자신의 강연 내용에 대한 부정적인 댓글이 급증하는 것을 감지하고 즉각적으로 사과문과 보완 자료를 발표해 신뢰를 유지했다.

성과 측정 및 전략 개선에서도 AI는 필수적이다. Google Analytics와 Tableau와 같은 데이터 시각화 도구는 웹사이트 방문자 데이터와 콘텐츠 성과 지표를 분석해 개선 방향을 제시한다. 예를 들어, 한 블로거가 Google Analytics 데이터를 활용해 특정 주제의 게시물이 가장 높은 조회수를 기록했음을 확인하고 해당 주제 비중을 확대했다.

AI 기술은 지속 가능한 브랜드 운영(Dynamize)을 가능하게 한다. AI 기반 자동화 도구는 콘텐츠 일정 관리부터 이메일 캠페인 실행까지 반복적인 작업을 자동화하며 시간을 절약한다. Mailchimp와 같은 도구는 구독자별 맞춤형 이메일 캠페인을 생성해 오픈율과 클릭률을 향상시킨다.

결론적으로 AI 기술은 퍼스널 브랜딩의 모든 단계에서 혁신적인 가능성을 제공한다. 자기 분석부터 브랜드 아이덴티티 정의, 디지털 플랫폼 활용, 스토리텔링, 네트워킹, 평판 관리, 성과 측정 및 전략 개선까지 AI는 개인이 자신의 고유한 가치를 강조하고 이를 기반으로 한 브랜드를 지속 가능하게 성장시킬 수 있도록 돕는다. 디지털 시대에서 AI 기술은 단순히 시간을 절약하는 도구가 아니라, 퍼스널 브랜딩 전략의 핵심 동력으로 자리 잡고 있다.

16.3

성공적인 AI 기반 퍼스널 브랜딩 사례

AI 는 퍼스널 브랜딩의 모든 단계에서 개인의 강점과 차별성을 극대화할 수 있는 강력한 도구로 자리 잡았다. 디지털 시대에서 AI는 단순히 시간을 절약하는 기술을 넘어, 개인의 브랜드를 체계적으로 구축하고 성장시키는 데 핵심적인 역할을 한다. 이 장에서는 AI를 활용해 성공적으로 퍼스널 브랜딩을 실현한 사례와 이를 통해 얻을 수 있는 교훈을 구체적으로 살펴본다.

한 코칭 전문가는 자신의 전문성을 강조하기 위해 AI 기반 데이터 분석 도구를 활용했다. 그는 Notion AI를 통해 자신의 경력과 성과를 체계적으로 정리한 포트폴리오를 제작했으며, 이를 PDF와 웹사이트 형태로 변환해 강연 요청 시 제공했다. 또한, ChatGPT를 활용해 강연 제안서를 작성하고, Hootsuite Insights를 통해 LinkedIn과 Twitter에서 "리더십 개발" 관련 인기 키워드를 분석했다. 이를 기반으로 소셜 미디어 게시물을 정기적으로 업로드하며, 6개월 만에 고객 기반을 두 배로 확장하고 매출도 150% 증가시켰다.

또 다른 사례로, 은퇴 후 강연가로 전환한 공무원 John은 AI 도구를 활용해 자신의 브랜드를 성공적으로 구축했다. 그는 Notion AI를 사용해 자신의 경력과 성과를 체계적으로 정리했으며, 이를 바탕으로 블로그와 소셜 미디어 콘텐츠를 제작했다. 특히, ChatGPT로 작성한 "공공 리더십" 관련 블로그 글은 LinkedIn에서 높은 조회수를 기록하며 잠재 고객들의 관심을 끌었다. 그는 또한 Hootsuite Insights를 통해 청중의 반응 데이터를 분석해 콘텐츠 전략을 조정했고, 3개월 만에 10건의 유료 강연 계약을 체결하며 LinkedIn 팔로워 수를 1,000명에서 5,000명으로 증가시켰다.

AI는 유튜브 크리에이터 Sarah의 채널 성장에도 중요한 역할을 했다. 그녀는 Social Blade와 ChatGPT를 활용해 시청자 데이터를 분석하고 댓글 데이터를 요약하여 시청자들이 가장 공감하는 주제를 파악했다. 이를 바탕으로 Canva Magic Design으로 썸네일 디자인을 개선하고 ChatGPT로 동영상 스크립트를 작성해 스토리텔링 요소를 강화했다. 또한, SEMrush를 통해 인기 키워드와 경쟁 채널 데이터를 분석한 후 동영상 제목과 설명에 최적화된 키워드를 삽입했다. 결과적으로 그녀의 채널 구독자는 6개월 만에 50% 증가했으며, 특정 인기 주제 영상은 조회수 100만 회를 기록했다.

AI 기반 감정 분석 도구는 퍼스널 브랜딩에서 청중의 감정을 이해하고 이에 맞춘 전략을 설계하는 데 유용하다. 한 스타트업 창업자는 Brandwatch를 활용해 자신의 브랜드에 대한 소셜 미디어 언급 데이터를 실시간으로 모니터링했다. 그는 긍정적인 피드백이 많았던 "지속 가능성" 주제를 중심으로 콘텐츠 전략을 수정했으며, 부정적인 댓글이 급증한 경우에는 즉각적인 대응 메시지를 발송해 신뢰도를 유지했다.

AI는 또한 네트워킹 활동에서도 중요한 역할을 한다. LinkedIn Sales Navigator와 같은 도구는 타겟층과의 네트워크 확장을 지원하며, 개인화된 추천 목록을 제공한다. 예를 들어, 한 강연가는 LinkedIn Sales Navigator의 추천 네트워크 기능을 활용해 새로운 고객과 연결되었으며, 이를 통해 강연 요청이 30% 증가했다.

AI는 콘텐츠 제작에서도 혁신적인 가능성을 제공한다. Canva Magic Design과 ChatGPT는 블로그 포스트와 소셜 미디어 게시물부터 인포그래픽과 동영상 스크립트까지 다양한 형태의 콘텐츠 제작을 지원한다. 예를 들어, 한 마케팅 전문가는 ChatGPT로 작성한 블로그 글과 Canva로 디자인한 이미지를 결합해 콘텐츠 참여율을 40% 이상 향상시켰다.

성과 측정 및 전략 개선에서도 AI는 필수적이다. Tableau와 Google Analytics와 같은 데이터 시각화 도구는 웹사이트 방문자 데이터와 콘텐츠 성과 지표를 분석해 개선 방향을 제시한다. 예를 들어, 한 블로거가 Google Analytics 데이터를 활용해 특정 주제의 게시물이 가장 높은 조회수를 기록했음을 확인하고 해당 주제 비중을 확대했다.

AI 기술은 지속 가능한 브랜드 운영(Dynamize)을 가능하게 한다. Mailchimp와 같은 이메일 마케팅 도구는 구독자별 맞춤형 이메일 캠페인을 생성하며 오픈율과 클릭률을 향상시킨다. 한 코칭 전문가는 Mailchimp의 AI 기능으로 구독자별 맞춤 이메일을 발송해 오픈율 45% 달성과 함께 유료 프로그램 신청률 20% 상승이라는 결과를 얻었다.

결론적으로 AI는 퍼스널 브랜딩에서 단순히 시간을 절약하는 도구가 아니라, 개인의 고유한 가치를 강화하고 이를 글로벌 무대에서 효과적으로 전달할 수 있는 강력한 동반자다. 성공적인 사례들은 모두 데이터 중심 접근법과 맞춤형 콘텐츠 전략이 결합된 결과이다. 디지털 시대에서 AI 기술은 퍼스널 브랜딩 전략의 핵심 동력으로 자리 잡고 있으며, 이를 통해 개인은 지속 가능한 성장과 성공을 이룰 수 있다.

활용 가이드

퍼스널 브랜딩의 중요성과 AI의 활용

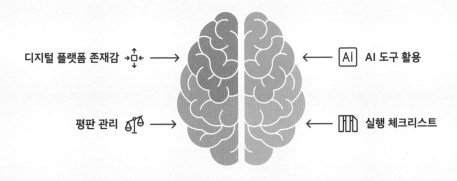

디지털 플랫폼 존재감 → AI 도구 활용

평판 관리 → 실행 체크리스트

디지털 시대에서 퍼스널 브랜딩의 필요성 이해

· 자신의 고유한 정체성을 정의하고, 이를 기반으로 차별화된 이미지를 구축해야 함을 인식한다.
· LinkedIn, Instagram 등 디지털 플랫폼에서의 존재감이 중요한 이유 를 이해한다.

AI 기술 활용으로 브랜딩 강화

· ChatGPT와 같은 생성형 AI를 활용해 블로그 글, 소셜 미디어 게시물 등 콘텐츠를 제작한다.

217

· Notion AI를 사용해 자신의 경력과 성과를 체계적으로 정리한 포트폴리오를 제작한다.

평판 관리와 신뢰 구축의 중요성 강조

· Brandwatch와 같은 AI 기반 평판 관리 도구로 온라인 평판을 실시간 모니터링하고 부정적 트렌드를 조기에 감지한다.
· 정기적인 콘텐츠 생성과 네트워킹을 통해 신뢰를 강화한다.

실행 체크리스트

· 자신의 강점과 약점을 분석하고, 이를 기반으로 브랜드 메시지를 정의한다.
· 디지털 플랫폼에서 일관된 메시지를 전달하며, AI 도구를 활용해 효율성을 극대화한다.
· 정기적으로 성과를 측정하고 전략을 개선한다.

제17장

퍼스널 브랜딩
전문가
비교 분석

17.1

퍼스널 브랜딩 전문가
유형별 특징 비교

퍼스널 브랜딩은 개인의 고유한 정체성을 정의하고 이를 기반으로 한 브랜드를 구축하는 과정이다. 이 과정에서 전문가의 도움은 매우 중요하며, 각기 다른 접근 방식을 가진 다양한 전문가들이 존재한다. 퍼스널 브랜딩 전문가를 선택할 때는 각 유형의 강점과 한계를 이해하고 자신의 목표와 상황에 가장 적합한 유형을 선택하는 것이 중요하다. 이 장에서는 퍼스널 브랜딩 전문가의 주요 유형을 비교 분석하며, 각 유형이 제공하는 가치와 한계를 구체적으로 살펴본다.

첫 번째 유형은 소셜 미디어 중심 전문가이다. 이들은 인스타그램, 유튜브, 블로그 등 소셜 미디어 플랫폼을 활용해 개인의 브랜드를 구축하는 데 중점을 둔다. 이 접근 방식은 빠른 노출과 트렌드 반영에 강점을 가진다. 예를 들어, 한 콘텐츠 제작자는 소셜 미디어 중심 전문가의 도움을 받아 자신의 유튜브 채널을 성장시켰고, 구독자 수를 6개월 만에 50% 증가시켰다. 그러나 이 방식은 소셜 미디어 알고리즘에 의존도가 높아 지속 가능성이 부족할 수 있다. 또한, 플랫폼 변화에 따라 노출이 급격히 줄어들 가능성도 존재한다.

두 번째 유형은 전통적인 퍼스널 브랜딩 전문가이다. 이들은 자기 계발, 강연, 출판 등을 통해 개인의 브랜드를 강화한다. 전통적인 접근 방식은 오프라인 네트워크를 활용할 수 있는 기회를 제공하며, 장기적인 신뢰 구축에 유리하다. 예를 들어, 한 공무원 출신 강연가는 전통적 퍼스널 브랜딩 전문가의 도움으로 자신의 경력을 기반으로 한 책을 출판했고, 이를 통해 강연 요청이 2배로 증가했다. 그러나 이 방식은 디지털 환경 변화에 적응하기 어려울 수 있으며, 실행까지 시간이 오래 걸리고 비용이 많이 들 수 있다.

세 번째 유형은 AI 활용 기반의 체계적 퍼스널 브랜딩 전문가이다. 이들은 AI와 데이터 분석을 활용해 체계적이고 지속 가능한 브랜드를 구축한다. 이 접근 방식은 데이터 기반 전략을 통해 빠른 실행력을 제공하며, 장기적인 성장 가능성을 보장한다. 예를 들어, AI 기반 분석 도구를 활용해 고객의 온라인 평판 데이터를 실시간으로 모니터링하고 맞춤형 전략을 설계한 사례가 있다. 이를 통해 고객은 3개월 만에 LinkedIn 팔로워 수를 2배로 늘리고 새로운 비즈니스 기회를 창출했다.

소셜 미디어 중심 전문가는 빠른 노출과 트렌드 반영에 유리하지만, 알고리즘 변화와 같은 외부 요인에 취약하다. 전통적인 퍼스널 브랜딩 전문가는 오프라인 네트워크와 장기적 신뢰 구축에 강점을 가지지만, 디지털 환경 변화에 적응하기 어렵다. 반면 AI 활용 기반 전문가는 데이터 분석과 맞춤형 전략을 통해 지속 가능성과 실행력을 동시에 제공한다.

체계적인 접근 방식을 제공하는 AI 활용 기반 전문가는 특히 주목할 만하다. 이들은 데이터 기반 접근법과 반복 가능한 구조를 통해 누구나 적용할 수 있는 방법론을 제시한다. 예를 들어, 한 스타트업 창업자는 이러한 전문가의 도움으로 자신의 경력과 성과를 체계적으로 정리한 포트폴리오를 제작하고 이를 바탕으로 투자자 프레젠테이션을 준비했다. 결과적으로 그는 1년 만에 두 차례 투자 유치에 성공했다.

결론적으로 퍼스널 브랜딩 전문가 유형별 특징은 각기 다르며, 자신의 목표와 상황에 맞는 전문가를 선택하는 것이 중요하다. 소셜 미디어 중심 전문가는 빠른 노출이 필요할 때 유용하며, 전통적인 전문가는 오프라인 네트워크 강화와 신뢰 구축에 적합하다. 반면 AI 활용 기반 전문가는 데이터 분석과 체계적인 전략을 통해 장기적인 성장을 목표로 하는 사람들에게 가장 적합하다.

 핵심 요약

퍼스널 브랜딩 전문가 유형에는 소셜 미디어 중심 전문가, 전통적 퍼스널 브랜딩 전문가, 그리고 AI 활용 기반 전문가가 있다. 각각 빠른 노출(소셜 미디어), 장기적 신뢰 구축(전통적), 체계적이고 지속 가능한 성장(AI 활용)에 강점을 가진다. 특히 AI 활용 기반 전문가는 데이터 분석과 맞춤형 전략을 통해 장기적인 성공 가능성을 높이는 데 탁월한 역량을 발휘한다.

17.2

퍼스널 브랜딩의 7D 프로세스와
AI 활용법

퍼스널 브랜딩은 단순히 자신을 홍보하는 것을 넘어, 자신의 고유한 정체성을 정의하고 이를 기반으로 지속 가능한 브랜드를 구축하는 과정이다. 이를 체계적이고 반복 가능한 구조로 구현하기 위해 7D 퍼스널 브랜딩 모델이 제안되었다. 이 모델은 Discover Myself(정체성 발견)부터 Dynamize(지속 가능한 운영)까지 일곱 단계로 구성되어 있으며, AI 기술과 결합하여 더욱 효과적이고 정교한 브랜딩 전략을 제공한다. 이 장에서는 7D 모델의 각 단계를 구체적으로 살펴보고, AI가 이를 어떻게 지원하는지 사례와 함께 설명한다.

첫 번째 단계는 **Discover Myself(나만의 정체성과 가치 발견)**이다. 이 단계에서는 자신의 강점, 약점, 가치관, 목표 등을 명확히 정의한다. AI는 이 과정에서 개인의 경력 데이터를 분석하고 핵심 강점을 도출하는 데 도움을 줄 수 있다. 예를 들어, ChatGPT와 같은 생성형 AI는 "나는 10년간 공무원으로 일하며 다양한 프로젝트를 성공적으로 수행했습니다. 이 정보를 바탕으로 나의 강점과 약점을 분석해 주세요."라는 요청에 따라 체계적인 피드백을 제공할 수 있다. 이를 통해 개인은 자신의 전문성과 차별성을 명확히 인식할 수 있다.

두 번째 단계는 **Define & Design Identity(브랜드 아이덴티티 정의 및 시각적 설계)**이다. 이 단계에서는 자신의 브랜드 가치를 시각적·언어적으로 표현한다. Canva와 같은 디자인 도구는 로고, 색상 조합, 폰트 스타일 등을 자동 추천하며, 개인의 브랜드 아이덴티티를 강화한다. 예를 들어, "나는 지속 가능한 성장을 중심으로 한 브랜드를 구축하고자 합니다. 이에 맞는 로고와 색상 조합을 제안해 주세요."라는 요청에 따라 AI가 시각적 요소를 설계할 수 있다.

세 번째 단계는 **Digitalize(디지털 콘텐츠 기반의 브랜드 구축)**이다. LinkedIn 프로필 최적화, 블로그 콘텐츠 작성, YouTube 채널 운영 등 디지털 플랫폼에서 일관된 메시지를 전달하는 것이 핵심이다. Hootsuite와 같은 소셜 미디어 관리 도구는 최적의 게시 시간과 해시태그를 추천하며 콘텐츠 도달 범위를 극대화한다. 예를 들어, 한 코칭 전문가는 Hootsuite의 추천에 따라 특정 시간대에 게시물을 업로드해 팔로워 참여율을 35% 증가시켰다.

네 번째 단계는 **Develop(데이터 기반 포트폴리오 개발)**이다. Notion AI와 같은 도구는 개인의 경력과 성과를 체계적으로 정리한 포트폴리오 제작을 지원한다. 예를 들어, "나는 10년간 공무원으로 일하며 다양한 프로젝트를 성공적으로 수행했습니다. 특히 팀 리더십과 문제 해결 능력에서 강점을 보였습니다. 이 정보를 바탕으로 포트폴리오를 작성해 주세요."라는 요청에 따라 AI가 고품질의 포트폴리오 초안을 생성할 수 있다.

다섯 번째 단계는 **Differentiate(차별화된 브랜드 포지셔닝)**이다. 자신만의 고유한 가치를 강조하여 다른 사람들과 차별화된 이미지를 구축하는 것이 목표다. ChatGPT와 같은 생성형 AI는 "나의 경력과 성과를 바탕으로 나만의 차별화된 브랜드 포지셔닝을 제안해 주세요."라는 요청에 따라 구체적인 전략을 제안할 수 있다.

여섯 번째 단계는 **Diversify(네트워크 확장 및 영향력 확대)**이다. LinkedIn Sales Navigator와 같은 도구는 타깃층과의 네트워크 확장을 지원하며 개인화된 추천 목록을 제공한다. 예를 들어, "나는 40대 이상의 직장인들을 대상으로 강연을 하고자 합니다. 이에 맞는 네트워크를 확장할 수 있는 방법을 제안해 주세요."라는 요청에 따라 AI가 적합한 네트워크 연결 기회를 제안할 수 있다.

마지막 단계는 **Dynamize(지속 가능한 브랜드 운영)**이다. Mailchimp와 같은 이메일 마케팅 도구는 구독자별 맞춤형 이메일 캠페인을 생성하며 오픈율과 클릭률을 향상시킨다. 한 코칭 전문가는 Mailchimp의 AI 기능으로 구독자별 맞춤 이메일을 발송해 오픈율 45% 달성과 함께 유료 프로그램 신청률 20% 상승이라는 결과를 얻었다.

7D 모델은 단순히 브랜딩 전략을 제공하는 것을 넘어 데이터 기반 접근 방식을 통해 지속 가능성을 보장한다. 각 단계에서 AI 기술이 지원함으로써 더 빠르고 효과적인 실행이 가능하다.

핵심 요약

7D 퍼스널 브랜딩 모델은 Discover Myself부터 Dynamize까지 체계적이고 반복 가능한 구조로 설계되었다. AI 기술은 각 단계에서 데이터 분석과 콘텐츠 제작을 지원하며, 개인이 자신의 고유한 가치를 강조하고 이를 기반으로 한 브랜드를 지속 가능하게 성장시킬 수 있도록 돕는다. 디지털 시대에서 7D 모델은 퍼스널 브랜딩 전략의 새로운 표준으로 자리 잡고 있다.

17.3

퍼스널 브랜딩의 효과적 실행을 위한 5가지 핵심 요소

퍼스널 브랜딩은 개인의 고유한 정체성을 정의하고, 이를 기반으로 지속 가능하고 차별화된 브랜드를 구축하는 과정이다. 성공적인 퍼스널 브랜딩을 위해서는 체계적인 접근과 실행 가능한 전략이 필요하다. 이 장에서는 퍼스널 브랜딩을 효과적으로 실행하기 위한 다섯 가지 핵심 요소를 살펴보고, 이를 실무적으로 적용하는 방법을 제안한다.

첫 번째 핵심 요소는 체계적인 퍼스널 브랜딩 프로세스이다. 퍼스널 브랜딩은 단순히 자신을 홍보하는 것을 넘어, 자신의 정체성을 발견하고 이를 기반으로 브랜드를 설계하며 지속 가능한 운영을 목표로 한다. 7D 모델(Discover Myself, Define & Design Identity, Digitalize 등)은 이러한 과정을 체계적으로 지원한다. 예를 들어, 한 스타트업 창업자는 자신의 경력과 성과를 체계적으로 정리한 포트폴리오를 제작하고, 이를 바탕으로 투자자 프레젠테이션을 준비했다. 이 과정에서 Notion AI와 같은 도구를 활용해 데이터 기반으로 구조화된 자료를 생성했으며, 결과적으로 투자 유치에 성공했다.

두 번째 핵심 요소는 AI 기술의 활용이다. AI는 퍼스널 브랜딩의 모든 단계에서 강력한 지원 도구로 작용한다. 예를 들어, ChatGPT는 블로그 글이나 소셜 미디어 게시물을 작성하는 데 활용될 수 있으며, Canva Magic Design은 시각적 아이덴티티 구축을 지원한다. 한 코칭 전문가는 ChatGPT로 작성한 블로그 글과 Canva로 디자인한 이미지를 결합해 콘텐츠 참여율을 40% 이상 향상시켰다. 또한, Brandwatch와 같은 AI 도구는 개인의 온라인 평판 데이터를 실시간으로 모니터링하고 부정적 트렌드를 조기에 감지해 신속히 대응할 수 있도록 돕는다.

세 번째 핵심 요소는 다양한 실무 경험과 사례 기반 학습이다. 퍼스널 브랜딩은 이론뿐만 아니라 실제 사례와 경험을 통해 더욱 효과적으로 실행될 수 있다. 예를 들어, 한 은퇴 공무원은 자신의 경력을 바탕으로 강연가로 전환하며 LinkedIn 팔로워 수를 1,000명에서 5,000명으로 늘렸다. 그는 Hootsuite Insights를 활용해 청중의 반응 데이터를 분석하고 콘텐츠 전략을 조정했으며, 이를 통해 새로운 강연 기회를 확보했다.

네 번째 핵심 요소는 콘텐츠와 메시지의 일관성이다. 개인 브랜드는 명확하고 일관된 메시지를 통해 신뢰를 구축한다. 예를 들어, 한 크리에이터는 자신의 유튜브 채널에서 "지속 가능한 라이프스타일"이라는 메시지를 중심으로 콘텐츠를 제작하며 구독자 충성도를 높였다. 그는 SEMrush와 같은 도구를 활용해 인기 키워드와 경쟁 채널 데이터를 분석했고, 이를 통해 최적화된 콘텐츠 전략을 설계했다.

다섯 번째 핵심 요소는 장기적인 신뢰 구축과 지속 가능성이다. 퍼스널 브랜딩은 단기적인 성과에 그치지 않고, 장기적인 신뢰와 관계 형성을 목표로 해야 한다. 이를 위해 정기적인 성과 점검과 전략 수정이 필요하다. Mailchimp와 같은 이메일 마케팅 도구는 구독자별 맞춤형 이메일 캠페인을 생성하며 오픈율과 클릭률을 향상시킨다. 한 전문가가 Mailchimp의 AI 기능으로 발송한 맞춤형 이메일 캠페인은 오픈율 45%

달성과 함께 유료 프로그램 신청률 20% 상승이라는 결과를 가져왔다.

결론적으로 성공적인 퍼스널 브랜딩은 체계적인 프로세스와 데이터 기반 접근법, 그리고 AI 기술의 활용이 결합될 때 가능하다. 또한, 실무 경험과 사례 기반 학습을 통해 실행력을 강화하고, 일관된 메시지와 장기적인 신뢰 구축을 목표로 해야 한다.

핵심 요약

퍼스널 브랜딩의 성공은 체계적인 프로세스(7D 모델), AI 기술 활용(ChatGPT, Canva 등), 실무 경험과 사례 기반 학습, 일관된 메시지 전달, 그리고 장기적 신뢰 구축에 달려 있다. 이러한 요소들은 개인이 자신의 고유한 가치를 강조하고 지속 가능한 브랜드를 운영할 수 있도록 돕는다.

활용 가이드

퍼스널 브랜딩 전략 피라미드

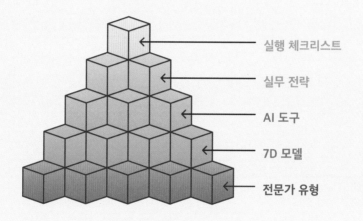

- 실행 체크리스트
- 실무 전략
- AI 도구
- 7D 모델
- 전문가 유형

퍼스널 브랜딩 전문가 유형 이해

소셜 미디어 중심 전문가, 전통적 전문가, AI 기반 전문가의 장단점을 비교 분석한다. 자신의 목표와 상황에 맞는 전문가 유형을 선택한다.

7D 퍼스널 브랜딩 모델 적용

· Discover Myself부터 Dynamize까지 7D 모델의 각 단계를 체계적으로 실행한다.
· AI 도구를 활용해 데이터 기반으로 브랜드 아이덴티티를 설계하고 콘

텐츠를 제작한다.

실무 적용 전략

· Notion AI와 ChatGPT로 경력 정리 및 포트폴리오 제작.

· Canva Magic Design으로 시각적 아이덴티티 강화.

· LinkedIn Sales Navigator로 네트워크 확장.

실행 체크리스트

· 자신의 정체성과 가치를 명확히 정의하고, 이를 기반으로 차별화된 브
랜드를 설계한다.

· 데이터 분석과 AI 기술을 활용해 지속 가능한 브랜딩 전략을 실행한다.

제18장

개인 브랜드 구축을 위한 실전 가이드

18.1

나만의 브랜드 아이덴티티 만들기

퍼스널 브랜딩에서 가장 중요한 출발점은 자신만의 브랜드 아이덴티티를 정의하는 것이다. 브랜드 아이덴티티는 단순히 이름이나 직업을 넘어, 개인의 가치, 전문성, 그리고 고유한 정체성을 시각적·언어적으로 표현하는 것을 의미한다. 디지털 시대에서는 이러한 아이덴티티가 곧 개인의 경쟁력이 되며, 이를 명확히 정의하고 전달하는 것이 성공적인 퍼스널 브랜딩의 핵심이다. 이 장에서는 나만의 브랜드 아이덴티티를 구축하기 위한 체계적 접근법과 실질적인 실행 방안을 구체적으로 살펴본다.

첫 번째 단계는 **자기 분석(Self-Assessment)**이다. 자신이 누구인지, 무엇을 잘하는지, 그리고 어떤 가치를 추구하는지를 명확히 이해해야 한다. 이를 위해 다음과 같은 질문을 스스로에게 던질 수 있다. "나는 무엇을 잘하는가?", "내가 가진 가장 큰 강점은 무엇인가?", "내가 해결하고 싶은 문제는 무엇인가?" 예를 들어, 한 공무원 출신 강연가는 자신의 20년 경력을 돌아보며 "팀 리더십과 문제 해결 능력"을 자신의 강점으로 정의했다. 그는 ChatGPT와 같은 AI 도구를 활용해 "나는 20년간 공무원으로 일하며 다양한 프로젝트를 성공적으로 수행했습니다. 이 정보를 바탕으로 나의 강점과 약점을 분석해 주세요."라는 프롬프트를 입력해 구체적인 피드백을 얻었다.

두 번째 단계는 **브랜드 가치와 메시지 정의**(Define Your Value and Message)이다. 자신의 핵심 가치를 기반으로 한 메시지를 명확히 설정해야 한다. 이는 자신이 세상에 전달하고자 하는 메시지와도 연결된다. 예를 들어, "나는 지속 가능한 성장을 돕는 전문가입니다."라는 메시지는 환경 관련 산업에서 활동하는 전문가에게 적합할 수 있다. Canva와 같은 디자인 도구는 이러한 메시지를 시각적으로 표현할 로고와 색상 조합을 자동으로 추천해 준다.

세 번째 단계는 **시각적 아이덴티티 설계**(Design Visual Identity)이다. 브랜드의 시각적 요소는 첫인상을 결정짓는 데 중요한 역할을 한다. 로고, 색상, 폰트 등은 브랜드의 정체성을 시각적으로 표현하며, 일관된 이미지를 구축하는 데 기여한다. 예를 들어, 한 스타트업 창업자는 Canva Magic Design을 활용해 자신의 브랜드 로고와 컬러 팔레트를 설계했다. 그는 "나는 혁신과 창의성을 강조하는 브랜드를 원합니다."라는 요청을 통해 AI가 추천한 디자인 중 하나를 선택했다.

네 번째 단계는 **디지털 플랫폼에서의 존재감 강화**(Digital Presence)이다. LinkedIn, Instagram, YouTube 등 디지털 플랫폼은 개인이 자신의 브랜드를 알릴 수 있는 강력한 도구다. LinkedIn 프로필 최적화는 특히 중요하다. 예를 들어, 한 코칭 전문가는 자신의 경력과 성과를 강조하는 LinkedIn 프로필을 작성하고, 관련 키워드를 포함하여 검색 엔진 최적화를 진행했다. 그는 Hootsuite Insights를 활용해 최적의 게시 시간과 해시태그를 분석하여 소셜 미디어 참여율을 40% 이상 향상시켰다.

다섯 번째 단계는 **스토리텔링 활용**(Storytelling)이다. 브랜드 메시지를 효과적으로 전달하려면 스토리텔링이 필요하다. 사람들은 단순한 정

233

보보다 이야기에 더 큰 공감을 느끼며 기억에 남는다. 예를 들어, 한 은퇴 공무원은 자신의 경력 전환 과정을 이야기 형식으로 풀어내어 소셜 미디어에 공유했다. 그는 "공무원에서 강연가로 전환하며 겪은 도전과 배움"이라는 주제로 콘텐츠를 제작했고, 이는 LinkedIn에서 높은 조회 수를 기록하며 팔로워 수 증가로 이어졌다.

여섯 번째 단계는 **네트워킹(Networking)**이다. 오프라인 및 온라인 네트워킹 활동은 개인 브랜드 확장에 필수적이다. LinkedIn Sales Navigator와 같은 도구는 타겟층과 연결할 수 있는 네트워크 확장을 지원한다. 예를 들어, 한 강연가는 AI가 추천한 네트워크 연결 기회를 활용해 새로운 고객과 협력 관계를 맺었다.

일곱 번째 단계는 **AI 기술 활용(AI Utilization)**이다. AI는 개인 브랜드 관리에서 중요한 역할을 한다. Notion AI와 같은 도구는 경력 데이터를 체계적으로 정리하고 포트폴리오 제작을 지원하며, Mailchimp와 같은 이메일 마케팅 도구는 구독자별 맞춤형 이메일 캠페인을 생성해 오픈율과 클릭률을 향상시킨다.

결론적으로, 나만의 브랜드 아이덴티티를 만드는 것은 단순히 자신을 홍보하는 것을 넘어 자신의 고유한 가치를 강조하고, 이를 기반으로 한 브랜드를 지속 가능하게 성장시키는 과정이다. 자기 분석부터 디지털 플랫폼 활용, 스토리텔링, 네트워킹까지 체계적인 접근법이 필요하며, AI 기술은 이를 더욱 정교하고 효과적으로 실행할 수 있도록 돕는다. 디지털 시대에서 개인 브랜드 아이덴티티는 곧 경쟁력이며, 이를 명확히 정의하고 전달하는 것이 성공적인 퍼스널 브랜딩의 핵심이다.

18.2

스토리텔링을 활용한
브랜드 메시지 전달

스토리텔링 은 퍼스널 브랜딩에서 가장 강력한 도구 중 하나로, 단순히 정보를 전달하는 것을 넘어 청중과의 정서적 연결을 형성하고 기억에 남는 메시지를 전달하는 데 중요한 역할을 한다. 디지털 시대에서는 개인의 경험과 가치를 이야기 형식으로 풀어내는 것이 더욱 중요해졌다. 스토리텔링은 청중에게 감동과 공감을 제공하며, 개인 브랜드를 차별화하고 강화하는 데 필수적인 요소로 자리 잡고 있다.

스토리텔링은 개인의 경력, 성과, 그리고 가치를 효과적으로 전달할 수 있는 구조를 제공한다. 예를 들어, 한 은퇴 공무원이 강연가로 전환하려는 경우, 자신의 경력 전환 과정을 이야기 형식으로 풀어내어 청중과 정서적으로 연결될 수 있다. 그는 "공무원으로서 20년간 일하며 다양한 프로젝트를 성공적으로 수행했지만, 새로운 도전을 위해 은퇴 후 코칭 전문가로 전환했다."라는 이야기를 통해 청중에게 자신의 전문성과 열정을 전달했다. 이러한 방식은 단순히 경력을 나열하는 것보다 훨씬 더 큰 공감을 이끌어낼 수 있다.

스토리텔링의 첫 번째 요소는 주인공 설정이다. 스토리의 중심에는 항상 주인공이 있어야 하며, 이 주인공은 바로 자신이다. 자신의 경력과 성과를 중심으로 이야기를 구성하고, 이를 통해 청중에게 자신만의 고유한 정체성을 전달해야 한다. 예를 들어, 한 스타트업 창업자는 자신의 실패와 성공 사례를 중심으로 이야기를 구성해 투자자와 고객들에게 신뢰를 얻었다.

두 번째 요소는 갈등과 도전이다. 스토리는 갈등과 도전이 있을 때 더 흥미롭고 기억에 남는다. 자신의 경력에서 직면했던 어려움과 이를 극복한 과정을 이야기하면 청중에게 더 큰 영감을 줄 수 있다. 예를 들어, 한 크리에이터는 자신의 채널이 초기에는 낮은 조회수를 기록했지만, AI 기반 데이터 분석을 통해 시청자 니즈를 파악하고 콘텐츠 전략을 수정한 결과 성공적으로 성장했다는 이야기를 공유했다.

세 번째 요소는 해결과 교훈이다. 갈등과 도전을 극복한 과정을 통해 얻은 교훈을 이야기함으로써 청중에게 실질적인 가치를 제공할 수 있다. 예를 들어, 한 강연가는 "팀 리더십과 문제 해결 능력을 통해 프로젝트를 성공적으로 마무리했으며, 이를 통해 조직 내 신뢰와 협력을 구축할 수 있었다."라는 교훈을 전달했다.

스토리텔링은 디지털 플랫폼에서도 강력하게 활용될 수 있다. Linked-dIn이나 블로그와 같은 플랫폼에서 자신의 경험과 가치를 이야기 형식으로 공유하면 팔로워와의 정서적 연결을 강화할 수 있다. 예를 들어, 한 코칭 전문가는 자신의 경력 전환 과정을 블로그에 작성하여 높은 조회수를 기록했고, 이를 통해 새로운 고객을 유치했다.

AI 기술은 스토리텔링을 더욱 정교하고 효과적으로 만드는 데 중요한 역할을 한다. ChatGPT와 같은 생성형 AI는 스토리 초안을 작성하거나 기존 이야기를 개선하는 데 유용하다. 예를 들어, "나는 공무원으로 일하며 다양한 프로젝트를 성공적으로 수행했습니다. 이 정보를 바탕으로 나의 경력 전환 과정을 스토리텔링 형식으로 작성해 주세요."라는 요청에 따라 AI가 고품질의 초안을 생성할 수 있다.

또한, AI 기반 감정 분석 도구는 소셜 미디어 댓글이나 리뷰 데이터를 분석해 청중이 가장 공감하는 주제를 식별할 수 있다. 이를 통해 개인은 자신의 경험과 성과를 이야기 형식으로 풀어내어 청중과 정서적으로 연결될 수 있다. 예를 들어, 한 강연가는 자신의 경력 전환 과정을 이야기 형식으로 작성하고 이를 소셜 미디어에 공유함으로써 팔로워 수를 2배로 늘렸다.

스토리텔링은 또한 네트워킹 활동에서도 효과적이다. 오프라인 네트워킹 이벤트나 컨퍼런스에서 자신의 이야기를 공유하면 새로운 관계를 맺고 신뢰를 구축할 수 있다. 예를 들어, 한 스타트업 창업자는 자신의 창업 이야기를 컨퍼런스에서 발표하며 투자자와의 관계를 구축했다.

결론적으로 스토리텔링은 퍼스널 브랜딩에서 자신만의 고유한 가치를 강조하고 이를 기반으로 한 브랜드를 지속 가능하게 성장시키는 데 중요한 역할을 한다. 주인공 설정, 갈등과 도전, 해결과 교훈이라는 요소를 바탕으로 체계적인 접근법이 필요하며, AI 기술은 이를 더욱 정교하고 효과적으로 실행할 수 있도록 돕는다. 디지털 시대에서 스토리텔링은 단순히 정보를 전달하는 것을 넘어 청중과의 정서적 연결을 강화하고 장기적인 신뢰를 구축하는 데 필수적인 전략이다.

18.3

개인 브랜드 관리를 위한
체크리스트

개인 브랜드 관리는 단순히 자신을 홍보하는 것을 넘어, 자신의 고유한 가치를 강조하고 이를 기반으로 한 브랜드를 지속 가능하게 성장시키는 과정이다. 성공적인 퍼스널 브랜딩을 위해서는 체계적인 접근법과 실행 가능한 체크리스트가 필요하다. 이 장에서는 개인 브랜드 관리를 위한 구체적인 체크리스트를 제시하고, 이를 실무적으로 적용하는 방법을 살펴본다.

첫 번째로 중요한 것은 온라인 프로필 업데이트이다. LinkedIn, Instagram, Twitter와 같은 소셜 미디어 플랫폼에서의 프로필은 개인의 첫인상을 결정짓는 중요한 요소다. 자신의 경력, 성과, 그리고 목표를 명확히 전달하는 프로필을 작성해야 한다. 예를 들어, 한 코칭 전문가는 자신의 LinkedIn 프로필에 "리더십 개발과 조직 혁신 전문가"라는 키워드를 삽입해 검색 엔진 최적화(SEO)를 강화했고, 이를 통해 3개월 만에 새로운 네트워크 연결 요청이 40% 증가했다.

두 번째로는 정기적인 콘텐츠 생성 및 게시이다. 블로그 포스트, 소셜 미디어 게시물, 동영상 등 다양한 형태의 콘텐츠를 정기적으로 제작하고 공유해야 한다. 이는 자신의 전문성을 강조하고 청중과의 관계를 강화하는 데 필수적이다. 예를 들어, 한 은퇴 공무원은 ChatGPT를 활용해 "공공 리더십에서 배운 5가지 교훈"이라는 주제로 블로그 글을 작성했고, 이 글은 LinkedIn에서 높은 조회수를 기록하며 강연 요청으로 이어졌다.

세 번째는 네트워킹 확장 활동 계획이다. 오프라인 및 온라인 네트워킹 활동은 개인 브랜드 확장에 핵심적인 역할을 한다. LinkedIn Sales Navigator와 같은 도구는 타깃층과 연결할 수 있는 네트워크 확장을 지원한다. 예를 들어, 한 스타트업 창업자는 AI가 추천한 네트워크 기회를 활용해 투자자와의 연결을 성공적으로 이루었고, 이를 통해 초기 자금을 확보했다.

네 번째는 평판 관리 도구(AI 기반) 사용 여부 확인이다. Brandwatch와 같은 AI 기반 평판 관리 도구는 개인의 온라인 평판을 실시간으로 모니터링하고 부정적 트렌드를 조기에 감지한다. 한 강연가는 Brand-watch를 통해 자신의 강연 내용에 대한 부정적 댓글이 급증하는 것을 발견했고, 즉각적으로 사과문과 보완 자료를 발표해 신뢰를 유지했다.

다섯 번째는 성과 측정 및 전략 개선이다. Google Analytics와 Tableau와 같은 데이터 시각화 도구는 웹사이트 방문자 데이터와 콘텐츠 성과 지표를 분석해 개선 방향을 제시한다. 예를 들어, 한 블로거는 Google Analytics 데이터를 활용해 특정 주제의 게시물이 가장 높은 조회수를 기록했음을 확인하고 해당 주제 비중을 확대했다.

여섯 번째는 스토리텔링 활용이다. 스토리텔링은 사람들에게 감정적 연결을 제공하며 기억에 남는 메시지를 전달하는 데 효과적이다. 자신의 경력 전환 과정을 이야기 형식으로 풀어내어 청중과 정서적으로 연결될 수 있다. 예를 들어, 한 강연가는 "공무원에서 강연가로 전환하며 겪은 도전과 배움"이라는 주제로 콘텐츠를 제작했고, 이는 청중에게 큰 공감을 얻으며 팔로워 수 증가로 이어졌다.

239

일곱 번째는 AI 기술 활용이다. AI는 개인 브랜드 관리에서 중요한 역할을 한다. Notion AI와 같은 도구는 경력 데이터를 체계적으로 정리하고 포트폴리오 제작을 지원하며, Mailchimp와 같은 이메일 마케팅 도구는 구독자별 맞춤형 이메일 캠페인을 생성해 오픈율과 클릭률을 향상시킨다.

여덟 번째는 **지속 가능한 브랜드 운영(Dynamize)**이다. 지속 가능성을 위해서는 정기적인 성과 점검과 전략 수정이 필요하다. Mailchimp와 같은 자동화 도구는 콘텐츠 일정 관리부터 이메일 캠페인 실행까지 반복적인 작업을 자동화하며 시간을 절약한다.

아홉 번째는 브랜드 아이덴티티 강화이다. Canva Magic Design과 같은 디자인 도구는 로고와 색상 조합 등을 설계하며 일관된 시각적 이미지를 구축할 수 있도록 돕는다. 한 마케팅 전문가는 Canva로 제작한 인포그래픽을 소셜 미디어에 공유해 콘텐츠 참여율을 40% 이상 향상시켰다.

열 번째는 네트워크와 커뮤니티 확장이다. 오프라인 세미나나 컨퍼런스 참여뿐 아니라 온라인 커뮤니티 활동도 중요하다. 예를 들어, 한 크리에이터는 자신의 유튜브 채널 커뮤니티 기능을 활용해 구독자들과 정기적으로 소통하며 충성도 높은 팬덤을 구축했다.

결론적으로, 개인 브랜드 관리는 체계적인 접근법과 실행 가능한 체크리스트를 통해 더욱 효과적으로 이루어질 수 있다. 온라인 프로필 업데이트부터 AI 기술 활용까지 다양한 전략이 결합될 때 개인의 고유한 가치를 강조하고 이를 기반으로 한 브랜드를 지속 가능하게 성장시킬 수 있다. 디지털 시대에서 개인 브랜드 관리는 단순한 선택이 아닌 필수이며, 이를 명확히 정의하고 실행하는 것이 성공적인 퍼스널 브랜딩의 핵심이다.

활용 가이드

개인 브랜드 구축 전략

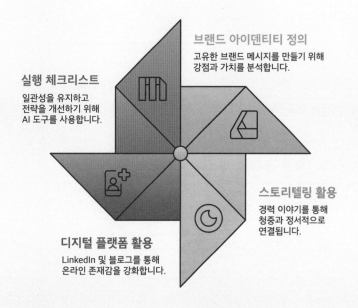

브랜드 아이덴티티 정의
고유한 브랜드 메시지를 만들기 위해 강점과 가치를 분석합니다.

실행 체크리스트
일관성을 유지하고 전략을 개선하기 위해 AI 도구를 사용합니다.

스토리텔링 활용
경력 이야기를 통해 청중과 정서적으로 연결됩니다.

디지털 플랫폼 활용
LinkedIn 및 블로그를 통해 온라인 존재감을 강화합니다.

브랜드 아이덴티티 정의

· 자신의 강점과 가치를 분석하여 고유한 브랜드 메시지를 설계한다.

· Canva와 같은 도구로 로고와 색상 조합 등 시각적 요소를 설계한다.

스토리텔링 활용

· 자신의 경력 전환 과정이나 성공 사례를 이야기 형식으로 풀어내어 청

241

중과 정서적으로 연결된다.

· ChatGPT로 스토리 초안을 작성하거나 기존 이야기를 개선한다.

디지털 플랫폼 활용

· LinkedIn 프로필 최적화 및 블로그 콘텐츠 작성으로 디지털 존재감을
강화한다.

· Hootsuite Insights로 소셜 미디어 게시물의 최적 업로드 시간과 해시
태그를 분석한다.

실행 체크리스트

· 자신의 이야기를 스토리텔링 형식으로 작성하여 블로그나 소셜 미디
어에 공유한다.

· AI 도구를 활용해 콘텐츠와 메시지의 일관성을 유지하며, 정기적으로
성과를 측정하고 전략을 개선한다.

AI
선거 활용
전략

제19장

선거에서
AI 활용의
중요성

19.1

데이터 기반 선거 전략의 필요성

현대 선거는 단순히 메시지를 전달하는 것을 넘어, 데이터를 기반으로 유권자의 요구와 기대를 분석하고 이를 반영한 전략을 설계하는 것이 필수적이다. AI는 방대한 데이터를 처리하고 유권자 행동을 예측하며, 맞춤형 캠페인을 설계하는 데 중요한 역할을 한다. 전통적인 여론조사와 달리, AI는 실시간 데이터 분석과 예측 모델링을 통해 더욱 정교하고 효율적인 선거 전략을 가능하게 한다.

2024년 미국 대선에서는 여러 캠페인 팀이 AI를 활용해 유권자 데이터를 분석하고 맞춤형 메시지를 전달했다. 한 사례로, AI 기반 플랫폼인 Resonate는 2억 5천만 명의 유권자 프로필과 15,000개 속성을 분석해 실시간으로 유권자 감정을 파악하고 메시지를 조정했다. 이 데이터는 후보자가 특정 지역에서 어떤 이슈가 중요한지 이해하고, 이를 기반으로 공약과 메시지를 수정하는 데 활용되었다. 예를 들어, 경제 문제에 민감한 지역에서는 일자리 창출과 세금 감면 공약을 강조한 메시지가 전달되었다.

AI는 또한 선거 광고 전략에서도 중요한 역할을 했다. 2024년 대선에서 사용된 Battleground AI 플랫폼은 텍스트 기반 광고를 자동 생성하고, 이를 소셜 미디어와 동영상 플랫폼에 최적화하여 배포했다. 이 기술은 광고 제작 시간을 단축시키고, 특정 유권자 그룹에 맞춘 메시지를 전달함으로써 캠페인의 효율성을 높였다. 특히, Swing State(경합주)에서 경제와 의료 정책 관련 광고가 높은 클릭률을 기록하며 효과를 입증했다.

AI 기반 예측 모델은 선거 결과를 정확히 예측하는 데도 활용되었다. Resonate의 AI 예측 시스템은 2024년 미국 대선에서 주요 주들의 투표 결과를 높은 정확도로 예측했다. 이 모델은 과거 투표 데이터, 소셜 미디어 활동, 경제 지표 등을 결합해 유권자 행동을 분석했으며, 이를 통해 자원 배분과 현장 방문 일정을 최적화했다. 이러한 접근은 제한된 자원을 효율적으로 활용할 수 있도록 돕는다.

AI는 또한 소셜 미디어에서의 감정 분석을 통해 실시간으로 여론의 변화를 감지한다. LoopMe라는 플랫폼은 CTV(Connected TV) 채널에서 정치 광고를 시청한 유권자들의 반응 데이터를 분석해 메시지의 효과를 평가했다. 이 데이터를 바탕으로 부정적인 반응이 높은 광고는 중단하거나 수정했고, 긍정적인 반응이 높은 광고는 추가 배포하여 캠페인의 성과를 극대화했다.

유럽에서도 AI 기반 데이터 분석이 선거 전략에 활용되고 있다. Civox라는 런던 기반 스타트업은 AI 에이전트를 통해 20개 이상의 언어로 캠페인 전화를 진행하며 다문화 사회에서 효과적으로 유권자들과 소통했다. 이 기술은 특히 언어 장벽이 있는 지역에서 후보자의 메시지를 전달하는 데 큰 성과를 보였다.

AI는 위기 관리에서도 강력한 도구로 활용된다. 2024년 미국 대선 기간 동안 한 후보의 논란이 된 발언이 소셜 미디어에서 확산되었을 때, AI 기반 도구가 관련 댓글과 게시물을 실시간으로 분석해 주요 확산 경로와 영향을 받는 집단을 파악했다. 이를 바탕으로 후보자는 해당 집단에 맞춘 사과문과 정책 설명 자료를 신속히 배포하며 위기를 효과적으로 관리했다.

AI 기술은 또한 허위 정보와 딥페이크 영상 탐지에도 기여하고 있다. 미국의 OpenAI와 같은 기업들은 딥페이크 탐지 기술을 개발해 선거 기간 동안 허위 정보가 확산되는 것을 방지하려 노력했다. 이러한 기술은 유권자들이 잘못된 정보에 영향을 받지 않도록 돕는다.

그러나 AI 기술의 사용에는 윤리적 문제가 뒤따른다. 데이터 수집과 분석 과정에서 개인정보 보호와 투명성이 중요하다. 일부 캠페인은 AI를 활용해 심리적 약점을 공략하거나 특정 집단을 소외시키는 방식으로 논란을 일으켰다. 이에 따라 미국에서는 "Protect Elections from Deceptive AI Act"와 같은 법안이 발의되어 AI 사용의 윤리적 기준을 강화하려는 움직임이 나타났다.

결론적으로 데이터 기반 선거 전략은 현대 정치에서 필수적이다. AI는 방대한 데이터를 실시간으로 분석하고, 유권자의 요구와 기대를 반영한 맞춤형 메시지를 설계하며, 자원을 효율적으로 배분할 수 있는 강력한 도구다. 그러나 이러한 기술의 사용에는 투명성과 윤리적 책임이 동반되어야 한다. 앞으로도 AI는 선거 캠페인에서 점점 더 중요한 역할을 하게 될 것이며, 이를 올바르게 활용하는 것이 민주주의의 신뢰와 지속 가능성을 유지하는 열쇠가 될 것이다.

핵심 요약

데이터 기반 선거 전략은 현대 선거에서 필수적이다. AI는 유권자의 요구와 기대를 분석하고 이를 반영한 전략을 설계하는 데 중요한 역할을 한다. 이를 통해 후보자는 유권자와의 정서적 연결을 강화하고, 신뢰를 구축하며, 효율적으로 자원을 배분할 수 있다. AI 기술의 윤리적 사용과 투명성은 이러한 전략을 성공적으로 실행하는 데 중요한 요소로 작용한다.

19.2

AI를 활용한 유권자 분석과 타겟팅

AI 는 선거 캠페인에서 유권자 분석과 타겟팅을 위한 강력한 도구로 자리 잡았다. 현대의 정치 환경에서 유권자의 심리와 행동을 이해하는 것은 매우 중요하며, AI는 이러한 데이터를 실시간으로 분석하여 후보자가 보다 효과적으로 소통할 수 있도록 돕는다. AI 기술을 활용하면 유권자의 관심사와 이슈를 파악하고, 이를 기반으로 맞춤형 메시지를 전달할 수 있다.

AI는 소셜 미디어와 검색 데이터를 분석하여 유권자의 행동 패턴을 이해하는 데 도움을 준다. 예를 들어, 2024년 미국 대선에서는 여러 후보들이 AI를 활용해 유권자 데이터를 분석하고 맞춤형 메시지를 전달했다. 한 캠페인은 AI 기반 플랫폼인 Resonate를 사용하여 2억 5천만 명의 유권자 프로필과 15,000개 속성을 분석했다. 이를 통해 특정 지역에서 어떤 이슈가 중요한지를 파악하고, 그에 맞춘 공약과 메시지를 수정하는 데 활용하였다.

AI는 유권자 세분화의 핵심 도구로 작용한다. 전통적인 여론조사는 한정된 샘플링에 의존하지만, AI는 방대한 양의 데이터를 처리하여 더 정확한 예측을 가능하게 한다. 예를 들어, 한 선거 캠페인은 AI 알고리즘을 사용해 특정 인구 집단의 투표 성향을 파악하고, 이를 바탕으로 자원을 효율적으로 배분하였다. 이 과정에서 AI는 과거 투표 데이터와 현재 트렌드를 결합하여 각 지역에서 가장 효과적인 전략을 제안하였다.

AI는 또한 감정 분석 기술을 통해 유권자들의 반응을 실시간으로 모니터링할 수 있다. Hootsuite Insights와 같은 도구는 소셜 미디어에서 후보자에 대한 긍정적 또는 부정적 반응을 분석하여, 후보자가 그에 맞는 메시지를 조정할 수 있도록 지원한다. 예를 들어, 한 선거 캠페인은 AI를 통해 젊은 유권자들이 중요하게 생각하는 환경 문제를 강조하며 지지율을 높였다.

AI 기반 챗봇은 유권자와의 소통을 자동화하고 개인화하는 데 큰 역할을 한다. 이러한 챗봇은 수많은 유권자와 동시에 상호작용하며 질문에 답변하고 정보를 제공한다. 예를 들어, 인도에서는 AI 챗봇이 유권자에게 후보자의 공약과 정책 정보를 제공하며, 그들의 질문에 실시간으로 답변하는 시스템이 도입되었다. 이는 유권자와 후보자 간의 소통을 원활하게 하여 신뢰를 구축하는 데 기여한다.

AI는 또한 선거 광고 제작에서도 중요한 역할을 한다. 예를 들어, 2024년 미국 대선에서는 Battleground AI라는 플랫폼이 텍스트 기반 광고를 자동 생성하고 이를 소셜 미디어와 동영상 플랫폼에 최적화하여 배포하였다. 이 기술은 광고 제작 시간을 단축시키고 특정 유권자 그룹에 맞춘 메시지를 전달함으로써 캠페인의 효율성을 높였다.

AI는 위기 관리에서도 효과적으로 활용된다. 한 후보가 논란이 된 발언을 했을 때, AI 기반 도구가 해당 발언의 맥락을 분석하고 적절한 반박 메시지를 자동 생성해 신속하게 대응할 수 있도록 했다. 이러한 접근은 위기 관리에 있어 시간과 자원을 절약하며 신뢰를 유지하는 데 중요한 역할을 한다.

AI 기술은 또한 허위 정보와 딥페이크 영상 탐지에도 기여하고 있다.

미국의 OpenAI와 같은 기업들은 딥페이크 탐지 기술을 개발해 선거 기간 동안 허위 정보가 확산되는 것을 방지하려고 노력하고 있다. 이러한 기술은 유권자들이 잘못된 정보에 영향을 받지 않도록 돕는다.

결론적으로 AI를 활용한 유권자 분석과 타겟팅은 선거 캠페인의 효율성과 효과를 크게 향상시킬 수 있다. 데이터 기반 접근 방식은 후보자가 유권자의 관심사와 이슈를 파악하고, 맞춤형 메시지를 전달하여 정서적 연결을 강화하는 데 기여한다. 그러나 이러한 기술의 사용에는 윤리적 고려와 함께 투명성 확보가 필수적이다. 따라서 AI 기술을 책임감 있게 활용하면서도 민주주의의 가치를 지키는 균형 잡힌 접근이 요구된다.

핵심 요약

AI는 유권자 분석과 타겟팅에서 중요한 도구로 자리 잡았다. AI는 소셜 미디어와 검색 데이터를 분석하여 유권자의 관심사와 이슈를 파악하고, 맞춤형 메시지를 전달하는 데 기여한다. 후보자는 AI의 도움을 받아 특정 그룹에 맞춘 공약을 개발하고, 이를 통해 유권자와의 정서적 연결을 강화할 수 있다. 그러나 AI의 사용에는 윤리적 고려가 필요하며, 데이터 보호와 투명성이 중요하다.

19.3

AI 기반 선거 캠페인 성공 사례

AI 기술은 2024년 선거 캠페인에서 다양한 방식으로 활용되어 성공적인 결과를 이끌어냈다. 이 장에서는 실제 사례를 통해 AI가 선거 캠페인에 어떻게 기여했는지 살펴본다.

첫째, AI는 유권자 데이터 분석과 타겟팅에 효과적으로 활용되었다. 미국 대선에서 Resonate라는 AI 기반 플랫폼은 2억 5천만 명의 유권자 프로필과 15,000개 속성을 분석해 실시간으로 유권자 감정을 파악하고 메시지를 조정했다. 이를 통해 후보자들은 특정 지역에서 어떤 이슈가 중요한지 이해하고, 이에 맞춘 공약과 메시지를 수정할 수 있었다. 예를 들어, 경제 문제에 민감한 지역에서는 일자리 창출과 세금 감면 공약을 강조한 메시지가 전달되었다.

둘째, AI는 선거 광고 제작과 배포에 혁신을 가져왔다. Battleground AI라는 플랫폼은 텍스트 기반 광고를 자동 생성하고 이를 소셜 미디어와 동영상 플랫폼에 최적화하여 배포했다. 이 기술은 광고 제작 시간을 단축시키고 특정 유권자 그룹에 맞춘 메시지를 전달함으로써 캠페인의 효율성을 높였다. 특히 경합주(Swing State)에서 경제와 의료 정책 관련 광고가 높은 클릭률을 기록하며 효과를 입증했다.

셋째, AI 기반 예측 모델은 선거 결과를 정확히 예측하는 데 활용되었다. Resonate의 AI 예측 시스템은 2024년 미국 대선에서 주요 주들의 투표 결과를 높은 정확도로 예측했다. 이 모델은 과거 투표 데이터, 소셜 미디어 활동, 경제 지표 등을 결합해 유권자 행동을 분석했으며, 이를 통해 자원 배분과 현장 방문 일정을 최적화했다.

넷째, AI는 유권자와의 소통을 자동화하고 개인화하는 데 기여했다. 예를 들어, 인도에서는 AI 챗봇이 유권자에게 후보자의 공약과 정책 정보를 제공하며, 그들의 질문에 실시간으로 답변하는 시스템이 도입되었다. 이는 유권자와 후보자 간의 소통을 원활하게 하여 신뢰를 구축하는 데 기여했다.

다섯째, AI는 선거 캠페인의 효율성을 크게 향상시켰다. 미국 민주당 전국위원회(DNC)는 AI를 활용해 모금 이메일 초안 작성, 코드 작성, 유권자 제거 패턴 감지 등 다양한 업무를 효율화했다. 이를 통해 캠페인 팀은 더 중요한 전략적 업무에 집중할 수 있었다.

여섯째, AI는 다국어 소통을 가능하게 하여 다양한 언어 집단의 유권자들과 효과적으로 소통할 수 있게 했다. 런던 기반 스타트업 Civox는 AI 에이전트를 통해 20개 이상의 언어로 캠페인 전화를 진행하며 다문화 사회에서 효과적으로 유권자들과 소통했다.

일곱째, AI는 위기 관리에도 효과적으로 활용되었다. 2024년 미국 대선 기간 동안 한 후보의 논란이 된 발언이 소셜 미디어에서 확산되었을 때, AI 기반 도구가 관련 댓글과 게시물을 실시간으로 분석해 주요 확산 경로와 영향을 받는 집단을 파악했다. 이를 바탕으로 후보자는 해당 집단에 맞춘 사과문과 정책 설명 자료를 신속히 배포하며 위기를 효과적으로 관리했다.

여덟째, AI는 선거 캠페인의 저비용 고효율화에 기여했다. 특히 자금이 부족한 지방 선거 후보들에게 AI는 큰 도움이 되었다. AI를 활용해 저

렴하게 광고를 제작하고, 유권자 데이터를 분석하며, 소셜 미디어 전략을 수립할 수 있었다.

그러나 AI의 활용이 항상 긍정적인 결과만을 가져온 것은 아니다. AI 기술의 오용으로 인한 문제도 발생했다. 예를 들어, 딥페이크 기술을 이용한 허위 정보 유포, AI 생성 콘텐츠의 진위 여부에 대한 혼란, 정치인들의 AI 사용에 대한 투명성 부족 등의 문제가 제기되었다.

특히 AI 생성 콘텐츠를 패러디나 풍자로 위장하여 유포하는 사례가 증가했다. 이는 유권자들에게 혼란을 주고 선거 이슈에 대한 오해를 불러일으켰다. 또한, 실제 정치인의 발언이나 행동을 AI 생성물로 오인하는 사례도 있었는데, 이는 온라인 정보 환경에 대한 공공의 신뢰를 훼손시켰다.

이러한 문제들에 대응하기 위해 여러 국가에서 AI 사용에 대한 규제와 가이드라인을 마련하기 시작했다. 예를 들어, 미국에서는 "Protect Elections from Deceptive AI Act"와 같은 법안이 발의되어 AI 사용의 윤리적 기준을 강화하려는 움직임이 나타났다.

결론적으로 2024년 선거에서 AI는 선거 캠페인의 효율성과 효과를 크게 향상시켰다. 그러나 동시에 새로운 윤리적 문제와 도전과제도 제기했다. 앞으로 AI 기술이 선거에 미치는 영향은 더욱 커질 것으로 예상되며, 이에 따라 AI의 책임 있는 사용과 규제에 대한 논의도 계속될 것이다. 선거의 공정성과 민주주의의 가치를 지키면서도 AI의 혜택을 최대한 활용할 수 있는 균형 잡힌 접근이 필요할 것이다.

핵심 요약

AI는 선거 캠페인의 모든 단계에서 활용되고 있으며, 성공적인 사례들이 증가하고 있다. 프랑스 대선에서는 AI가 소셜 미디어 데이터를 분석해 실시간으로 여론 변화를 감지하고 메시지를 조정하여 후보자의 신뢰를 높였다. 미국과 인도에서도 AI 기반 챗봇과 예측 모델이 유권자와의 소통과 데이터 분석에 효과적으로 사용되었다. 그러나 딥페이크와 같은 기술의 오용은 윤리적 문제를 야기할 수 있으므로, 책임 있는 사용이 요구된다.

활용 가이드

선거 캠페인에서 AI의 전략적 활용

유권자 타겟팅
ChatGPT로 맞춤형 메시지를 작성하고, 소셜미디어 캠페인을 관리합니다.

위기 관리
AI 도구로 위기 상황에 신속히 대응하고 신뢰를 유지합니다.

데이터 기반 전략
AI 도구를 사용하여 유권자의 요구와 기대를 이해합니다.

실행 체크리스트
유권자 세분화 및 허위 정보 차단을 포함한 전략 실행을 보장합니다.

데이터 기반 선거 전략 수립

· AI 기반 여론조사 및 데이터 분석 도구로 유권자의 요구와 기대를 파악한다.

- Brandwatch와 같은 도구로 소셜 미디어 트렌드와 감정 데이터를 실시간 모니터링한다.

유권자 타기팅 및 메시지 전달

- ChatGPT로 유권자 그룹별 맞춤형 메시지를 작성하며, 지역별 이슈에 맞춘 공약을 설계한다.
- Hootsuite로 SNS 캠페인을 관리하며 최적의 게시 시간과 해시태그를 설정한다.

위기 대응 및 신뢰 구축

- CrisisGuard와 같은 AI 도구로 위기 상황에서 신속히 대응하고 신뢰도를 유지한다.

실행 체크리스트

- 데이터를 기반으로 유권자 세분화를 진행하고, 각 그룹에 맞는 메시지를 전달한다.
- 딥페이크 탐지 기술을 활용해 허위 정보를 차단하며 선거 캠페인의 신뢰성을 확보한다.

제 **20** 장

AI를 활용한
선거 브랜딩
전략

20.1

후보자 브랜드 구축을 위한 AI 활용법

AI 기술은 정치 캠페인에서 후보자의 브랜드를 구축하고 강화하는 데 중요한 역할을 하고 있다. 2024년 미국 대선과 다른 국가의 선거에서 AI의 활용이 두드러졌으며, 이는 후보자들이 유권자들과 더 효과적으로 소통하고 자신의 메시지를 전달하는 데 도움을 주었다.

AI를 활용한 후보자 브랜드 구축의 첫 번째 방법은 개인화된 유권자 분석과 타겟팅이다. Resonate와 같은 AI 기반 플랫폼은 2억 5천만 명의 유권자 프로필과 15,000개 속성을 분석해 실시간으로 유권자 감정을 파악하고 메시지를 조정했다1. 이를 통해 후보자들은 특정 지역이나 인구 집단에서 어떤 이슈가 중요한지 이해하고, 이에 맞춘 공약과 메시지를 수정할 수 있었다. 예를 들어, 경제 문제에 민감한 지역에서는 일자리 창출과 세금 감면 공약을 강조한 메시지를 전달했다.

두 번째로, AI는 후보자의 이미지와 메시지를 일관되게 유지하는 데 도움을 준다. 생성형 AI 도구들은 후보자의 스타일과 톤을 학습하여 일관된 메시지를 다양한 플랫폼에서 생성할 수 있다. 예를 들어, Battle-ground AI라는 플랫폼은 텍스트 기반 광고를 자동 생성하고 이를 소셜 미디어와 동영상 플랫폼에 최적화하여 배포했다6. 이 기술은 광고 제작

시간을 단축시키고 특정 유권자 그룹에 맞춘 메시지를 전달함으로써 캠페인의 효율성을 높였다.

세 번째로, AI는 후보자의 연설문 작성과 정책 개발을 지원한다. ChatGPT와 같은 생성형 AI 모델은 후보자의 주요 정책과 비전을 반영한 연설문 초안을 작성하는 데 활용되었다4. 또한, AI는 후보자들이 선거 토론을 준비하는 데도 도움을 주었다. AI 플랫폼은 후보자들이 어려운 정치적 질문에 대한 답변을 연습하고, 상대방 스타일의 공격에 대응하는 연습을 할 수 있게 해주었다.

네 번째로, AI는 후보자의 온라인 평판을 관리하는 데 활용된다. AI 기반 감정 분석 도구들은 소셜 미디어에서 후보자에 대한 언급을 실시간으로 모니터링하고 분석한다. 이를 통해 후보자 팀은 부정적인 여론이 확산되기 전에 신속하게 대응할 수 있다. 예를 들어, 2024년 미국 대선 기간 동안 한 후보의 논란이 된 발언이 소셜 미디어에서 확산되었을 때, AI 기반 도구가 관련 댓글과 게시물을 실시간으로 분석해 주요 확산 경로와 영향을 받는 집단을 파악했다3.

다섯 번째로, AI는 후보자의 시각적 이미지를 개선하는 데 사용된다. AI 이미지 생성 도구들은 후보자의 포스터, 배너, 소셜 미디어 그래픽 등을 제작하는 데 활용된다. 이를 통해 후보자는 일관되고 전문적인 시각적 브랜드를 유지할 수 있다. 예를 들어, 2023년 아르헨티나 대선에서 주요 후보들은 AI를 활용해 자신을 유리하게 보이는 이미지와 상대방을 부정적으로 묘사하는 이미지를 제작했다3.

여섯 번째로, AI는 후보자가 다양한 언어로 소통할 수 있게 돕는다. AI 번역 및 음성 합성 기술을 통해 후보자는 다국어 유권자들과 직접 소통할 수 있다. 예를 들어, 런던 기반 스타트업 Civox는 AI 에이전트를 통해 20개 이상의 언어로 캠페인 전화를 진행했다1.

그러나 AI를 활용한 후보자 브랜드 구축에는 윤리적 문제와 도전과제도 존재한다. 예를 들어, 딥페이크 기술을 이용한 허위 정보 유포, AI 생성 콘텐츠의 진위 여부에 대한 혼란, 정치인들의 AI 사용에 대한 투명성 부족 등의 문제가 제기되었다5. 이에 대응하여 Meta와 같은 플랫폼은 정치 광고에서 AI 사용을 제한하고 공개를 요구하는 정책을 도입했다5.

또한, AI의 활용이 항상 성공적인 결과를 가져오는 것은 아니다. 예를 들어, 오하이오 제7선거구 민주당 후보 Matthew Diemer는 AI 음성 기술을 활용한 전화 캠페인을 시도했지만, 유권자들이 AI와의 상호작용을 꺼려해 실패했다7. 이는 AI 기술의 한계와 유권자들의 수용도를 고려해야 함을 보여준다.

결론적으로, AI는 후보자 브랜드 구축에 있어 강력한 도구가 될 수 있지만, 그 사용에는 신중한 접근이 필요하다. AI의 장점을 활용하면서도 윤리적 고려사항을 준수하고, 유권자들의 신뢰를 유지하는 것이 중요하다. 앞으로 AI 기술이 선거에 미치는 영향은 더욱 커질 것으로 예상되며, 이에 따라 AI의 책임 있는 사용과 규제에 대한 논의도 계속될 것이다.

핵심 요약

AI는 후보자 브랜드 구축에 있어 강력한 도구로 작용한다. AI는 유권자 데이터를 분석해 맞춤형 메시지를 생성하고, 후보자의 이미지와 메시지를 일관되게 유지하는 데 기여한다. 또한, 생성형 AI는 연설문 작성과 정책 개발에 도움을 주며, 후보자가 대중과 효과적으로 소통할 수 있도록 지원한다. 그러나 AI의 사용에는 윤리적 고려가 필요하며, 투명성을 확보하는 것이 중요하다.

20.2

AI 기반 선거 공약 및 메시지 개발

AI 기술은 2024년 미국 대선과 다른 국가의 선거에서 후보자들의 공약 및 메시지 개발에 중요한 역할을 하고 있다. AI는 데이터 분석을 통해 유권자들이 중요하게 생각하는 이슈를 파악하고, 이를 바탕으로 공약과 메시지를 설계하는 데 활용되고 있다.

Resonate와 같은 AI 기반 플랫폼은 2억 5천만 명의 유권자 프로필과 15,000개 속성을 분석해 실시간으로 유권자 감정을 파악하고 메시지를 조정한다. 이를 통해 후보자들은 특정 지역이나 인구 집단에서 어떤 이슈가 중요한지 이해하고, 이에 맞춘 공약과 메시지를 수정할 수 있다. 예를 들어, 경제 문제에 민감한 지역에서는 일자리 창출과 세금 감면 공약을 강조한 메시지를 전달한다.

AI는 또한 후보자들의 공약을 요약하고 쉽게 설명하는 데 활용된다. Anthropic의 Claude와 같은 대규모 언어 모델(LLM)은 복잡한 법안을 요약하고 일반 대중이 이해하기 쉬운 형태로 설명하는 데 사용된다. 이는 유권자들이 후보자의 정책을 더 쉽게 이해하고 평가할 수 있도록 돕는다.

생성형 AI 도구들은 후보자들이 다양한 유권자 그룹에 맞춤화된 메시지를 만드는 데 활용된다. Battleground AI와 같은 플랫폼은 텍스트 기반 광고를 자동 생성하고 이를 소셜 미디어와 동영상 플랫폼에 최적화하여 배포한다. 이 기술은 광고 제작 시간을 단축시키고 특정 유권자 그룹에 맞춘 메시지를 전달함으로써 캠페인의 효율성을 높인다.

AI는 또한 후보자들이 선거 토론을 준비하는 데 도움을 준다. AI 플랫폼은 후보자들이 어려운 정치적 질문에 대한 답변을 연습하고, 상대방 스타일의 공격에 대응하는 연습을 할 수 있게 해준다. 이를 통해 후보자들은 더 효과적으로 자신의 공약을 전달하고 상대방의 공격에 대응할 수 있다.

그러나 AI를 활용한 공약 및 메시지 개발에는 윤리적 문제와 도전과제도 존재한다. 예를 들어, AI가 생성한 맞춤형 메시지가 유권자를 조작하거나 오도할 수 있다는 우려가 제기되고 있다. 이에 대응하여 일부 국가에서는 AI 사용에 대한 규제와 가이드라인을 마련하기 시작했다.

미국에서는 "Protect Elections from Deceptive AI Act"와 같은 법안이 발의되어 AI 사용의 윤리적 기준을 강화하려는 움직임이 나타났다. 또한, 연방통신위원회(FCC)는 AI 로봇 전화를 불법으로 규정하고 정치 광고에서 AI 사용 공개를 요구하는 규칙을 제안했다.

AI 챗봇은 유권자와의 소통을 자동화하고 개인화하는 데 활용되고 있다. 이러한 챗봇은 수많은 유권자와 동시에 상호작용하며 질문에 답변하고 정보를 제공한다. 예를 들어, 인도와 브라질 같은 국가에서는 AI 기반 챗봇이 유권자와 상호작용하고 캠페인 정보를 전파하는 데 사용되었다.

결론적으로, AI는 선거 공약 및 메시지 개발에 있어 강력한 도구가 될 수 있지만, 그 사용에는 신중한 접근이 필요하다. AI의 장점을 활용하면서도 윤리적 고려사항을 준수하고, 유권자들의 신뢰를 유지하는 것이 중요하다. 앞으로 AI 기술이 선거에 미치는 영향은 더욱 커질 것으로 예상되며, 이에 따라 AI의 책임 있는 사용과 규제에 대한 논의도 계속될 것이다.

핵심 요약

AI는 유권자의 관심사와 이슈를 파악하여 공약 및 메시지를 개발하는 데 활용된다. 데이터 분석을 통해 후보자는 유권자들이 중요하게 생각하는 이슈에 초점을 맞춘 공약을 발표할 수 있다. 예를 들어, 한 후보자는 AI 분석 결과를 바탕으로 경제 정책에 중점을 둔 공약을 발표하며 지지율을 높였다. 그러나 AI의 활용에는 윤리적 문제와 편향성 우려가 동반되므로 신중한 접근이 필요하다.

20.3

AI로 만드는 차별화된 선거 콘텐츠

2024 년 미국 대선과 다른 국가의 선거에서 AI는 선거 콘텐츠 제작에 혁신적인 변화를 가져왔다. AI 기술은 후보자들이 유권자들과 더 효과적으로 소통하고 차별화된 메시지를 전달하는 데 중요한 역할을 했다.

Battleground AI와 같은 AI 기반 플랫폼은 텍스트 기반 광고를 자동으로 생성하고 이를 소셜 미디어와 동영상 플랫폼에 최적화하여 배포했다. 이 기술은 광고 제작 시간을 단축시키고 특정 유권자 그룹에 맞춘 메시지를 전달함으로써 캠페인의 효율성을 높였다. Battleground AI의 공동 창업자 Maya Hutchinson에 따르면, 이 플랫폼의 총 고객 수는 베타 버전에서 확장된 이후 4배로 증가했다.

AI는 또한 후보자들의 연설문 작성과 정책 개발을 지원했다. ChatGPT와 같은 생성형 AI 모델은 후보자의 주요 정책과 비전을 반영한 연설문 초안을 작성하는 데 활용되었다. 이를 통해 후보자들은 더 효과적으로 자신의 메시지를 전달할 수 있었다.

AI 기반 이미지 생성 기술도 선거 캠페인에서 활발히 사용되었다. 프랑스와 아르헨티나의 대선에서는 후보자들이 AI로 생성된 이미지를 활용해 자신을 유리하게 보이게 하거나 상대방을 부정적으로 묘사하는 데 사용했다. 이러한 'softfakes'는 유권자들의 감정을 자극하고 특정 메시지를 강조하는 데 효과적이었다.

그러나 AI 생성 콘텐츠의 사용은 윤리적 문제도 제기했다. 프랑스에서 실시된 한 연구에 따르면, 극우 정당들이 특히 이러한 AI 생성 이미지를 많이 사용했으며, 유럽 의회 선거 전 합의된 행동 강령에도 불구하고 어떤 이미지도 AI 생성임을 표시하지 않았다.

AI 챗봇은 유권자와의 소통을 자동화하고 개인화하는 데 활용되었다. 영국의 한 정치 후보는 'AI Steve'라는 AI 챗봇을 선거 플랫폼으로 활용했다. 이 챗봇은 공개적으로 질문을 받고 자원봉사자들을 통해 정책 제안을 생성했다. 비록 선거에서 좋은 성과를 거두지는 못했지만, 이는 유권자와 후보자 간의 연결을 개선하고 풀뿌리 참여를 장려하려는 시도였다.

AI는 또한 선거 기간 동안 사실 확인 작업을 개선하는 데 사용되었다. AI 시스템은 정치인들의 오해의 소지가 있는 주장을 분류하고 가장 시급한 것부터 사실 확인을 하도록 도왔다. 또한 새로운 정치적 발언을 이전에 사실 확인된 유사한 발언과 비교하여 반복되는 거짓 주장을 더 빠르게 반박할 수 있게 했다.

그러나 AI 생성 콘텐츠는 때로 유권자들을 혼란스럽게 하기도 했다. 예를 들어, 미국 대선 후보 카말라 해리스의 AI 생성 영상이 소셜 미디어에서 400만 회 이상 조회되었는데, 이 영상은 해리스가 말을 더듬고 의미 없는 발언을 하는 모습을 보여주었다. 이 가짜 영상은 많은 사람들에게 진짜로 인식되어 해리스에 대한 부정적인 인식을 심어줄 수 있었다.

결론적으로, AI는 선거 콘텐츠 제작에 있어 강력한 도구가 될 수 있지만, 그 사용에는 신중한 접근이 필요하다. AI의 장점을 활용하면서도 윤리적 고려사항을 준수하고, 유권자들의 신뢰를 유지하는 것이 중요하다.

앞으로 AI 기술이 선거에 미치는 영향은 더욱 커질 것으로 예상되며, 이에 따라 AI의 책임 있는 사용과 규제에 대한 논의도 계속될 것이다.

핵심 요약

AI는 선거 콘텐츠 제작에서 차별화된 전략을 제공한다. 후보자는 AI 기술을 활용해 개인화된 콘텐츠를 제작하고, 다양한 유권자 그룹에 맞춘 메시지를 전달할 수 있다. 또한, 생성형 AI는 짧고 임팩트 있는 캠페인 영상을 제작하여 유권자의 관심을 끌 수 있다. 그러나 허위 정보나 딥페이크 영상의 사용은 윤리적 문제를 야기할 수 있으므로 주의가 필요하다.

활용 가이드

선거 캠페인 전략 개요

실행 체크리스트

브랜딩 이미지 강화

콘텐츠 제작 및 확산

AI 기반 공약 개발

브랜드 이미지 강화

후보자의 강점과 비전을 중심으로 브랜드 이미지를 설계하며, 시각적 요
소(포스터, 로고 등)를 Canva로 제작한다.

AI 기반 공약 개발 및 메시지 최적화

ChatGPT와 NLP 기술을 통해 공약 문서를 작성하고 지역별 맞춤형 메
시지를 생성한다.

콘텐츠 제작 및 확산

TikTok, Instagram 등 젊은 층이 선호하는 플랫폼에서 짧고 임팩트 있는 영상을 제작해 공유율을 높인다.

실행 체크리스트

후보자의 이미지를 강화할 수 있는 시각적 자료와 공약 문서를 준비하며, AI 도구로 실시간 피드백을 반영해 메시지를 조정한다.

제 21장

선거 준비를 위한
AI 활용
체크리스트

21.1

AI 기반 여론조사 및 이슈 분석

AI 기술은 현대 선거에서 여론조사와 이슈 분석의 방식을 혁신적으로 변화시키고 있다. 전통적인 여론조사는 한정된 샘플링에 의존하지만, AI는 방대한 양의 데이터를 실시간으로 처리하여 더 정확한 예측을 가능하게 한다. AI 기반 데이터 분석 도구는 유권자의 행동과 심리를 파악하고, 이를 바탕으로 보다 정교한 선거 전략을 수립하는 데 중요한 역할을 한다.

2024년 미국 대선에서는 여러 캠페인 팀이 AI를 활용하여 유권자 데이터를 분석하고 맞춤형 메시지를 전달했다. Resonate와 같은 AI 플랫폼은 2억 5천만 명의 유권자 프로필과 15,000개 속성을 분석해 실시간으로 유권자 감정을 파악하고 메시지를 조정했다. 이를 통해 후보자들은 특정 지역에서 어떤 이슈가 중요한지를 이해하고, 그에 맞춘 공약과 메시지를 수정할 수 있었다. 예를 들어, 경제 문제에 민감한 지역에서는 일자리 창출과 세금 감면 공약을 강조한 메시지가 전달되었다.

AI는 소셜 미디어 데이터를 분석하여 유권자의 관심사와 이슈를 파악하는 데도 활용된다. Hootsuite Insights와 같은 도구는 소셜 미디어에서 후보자에 대한 긍정적 또는 부정적 반응을 분석하여, 후보자가 그에 맞는 메시지를 조정할 수 있도록 지원한다. 예를 들어, 한 선거 캠페인은

AI를 활용해 젊은 유권자들이 중요하게 생각하는 환경 문제를 강조하며 지지율을 높였다.

AI 기반의 여론 조사 도구는 전통적인 방법보다 더 빠르고 정확한 결과를 제공한다. 2020년 대선에서 Gallup과 Pew Research Center가 실시한 조사에 따르면, AI 기반 데이터 분석이 전통적인 여론조사보다 15% 더 높은 정확도로 유권자 심리를 반영했다고 보고되었다. 이러한 데이터는 후보자가 어떤 이슈에 집중해야 하는지를 결정하는 데 매우 유용하다.

AI는 또한 위기 관리 측면에서도 강력한 도구로 작용한다. 한 후보가 논란이 된 발언을 했을 때, AI 기반 도구가 해당 발언의 맥락을 분석하고 적절한 반박 메시지를 자동 생성해 신속하게 대응할 수 있도록 했다. 이러한 접근은 위기 관리에 있어 시간과 자원을 절약하며 신뢰를 유지하는 데 중요한 역할을 한다.

AI 기술은 허위 정보와 딥페이크 영상 탐지에도 기여하고 있다. 미국의 OpenAI와 같은 기업들은 딥페이크 탐지 기술을 개발해 선거 기간 동안 허위 정보가 확산되는 것을 방지하려고 노력하고 있다. 이러한 기술은 유권자들이 잘못된 정보에 영향을 받지 않도록 돕는다.

AI는 또한 다국어 소통을 가능하게 하여 다양한 언어 집단의 유권자들과 효과적으로 소통할 수 있게 한다. 예를 들어, Civox라는 플랫폼은 AI 에이전트를 통해 20개 이상의 언어로 캠페인 전화를 진행하며 다문화 사회에서 효과적으로 유권자들과 소통했다.

그러나 AI를 활용한 여론조사와 이슈 분석에는 한계도 존재한다. AI가 분석 자료로 쓰는 소셜 미디어는 사용자가 한정적이며, 소셜 미디어를 잘 사용하지 않는 고령층이나 정치적 발언을 하지 않는 중도층의 경우 AI가 표심을 읽기 어렵다는 문제가 있다. 이러한 한계를 극복하기 위해 AI 업계는 다양한 노력을 기울이고 있다.

결론적으로 AI를 활용한 여론조사와 이슈 분석은 선거 과정의 투명성과 효율성을 높일 수 있는 잠재력이 있지만, 동시에 윤리적 문제와 데이터 편향성 등의 과제가 안고 있다. 따라서 AI의 책임 있는 사용과 규제에 대한 논의가 계속되어야 할 것이다. AI 기술이 선거 캠페인에서 어떻게 활용될 수 있는지를 이해하고, 이를 통해 보다 효과적인 전략을 수립하는 것이 중요하다.

핵심 요약

AI는 여론조사 및 이슈 분석에서 중요한 역할을 한다. 전통적인 방법보다 더 빠르고 정확하게 데이터를 분석하여 주요 이슈와 트렌드를 파악할 수 있다. 이를 통해 후보자는 캠페인의 우선순위를 설정하고 자원을 효율적으로 배분할 수 있다. 그러나 데이터 편향성과 개인정보 보호 문제 등 윤리적 고려가 필요하다.

21.2

AI를 활용한 선거 연설문 작성 팁

AI 기술은 선거 캠페인에서 연설문 작성에 혁신적인 변화를 가져오고 있다. 전통적으로 연설문은 정치인이나 그들의 팀이 직접 작성했지만, 이제는 AI 기술을 활용하여 보다 효율적이고 효과적으로 연설문을 준비할 수 있게 되었다.

ChatGPT와 같은 생성형 AI 모델은 후보자의 주요 정책과 비전을 반영한 연설문 초안을 작성하는 데 활용되고 있다. 이를 통해 후보자들은 더 효과적으로 자신의 메시지를 전달할 수 있게 되었다. 예를 들어, 국제 AI협회의 AI선거전략연구소에서 출간된 '챗GPT 활용 선거 홍보전략' 책에서는 ChatGPT를 활용하여 누구나 효과적인 연설문을 작성할 수 있는 방법을 제시하고 있다.

AI를 활용한 연설문 작성의 주요 장점 중 하나는 유권자의 다양성을 고려한 맞춤형 메시지 작성이 가능하다는 점이다. 현대 사회는 다양한 가치관과 이해관계를 가진 사람들로 구성되어 있어, 정치인들은 다양한 청중을 설득하기 위한 효과적인 커뮤니케이션 방법이 필요하다. AI는 이러한 요구를 충족시킬 수 있는 효과적인 도구로 활용되고 있다.

국내 스타트업인 뤼튼테크놀로지스의 AI 챗봇 뤼튼은 연설문 작성에 주로 활용되고 있다. 이러한 AI 도구들은 후보자의 스타일과 톤을 학습하여 일관된 메시지를 다양한 플랫폼에서 생성할 수 있다. 이를 통해 후보자들은 시간과 비용을 절약하면서도 높은 품질의 연설문을 준비할 수 있게 되었다.

AI는 또한 후보자들이 선거 토론을 준비하는 데도 도움을 주고 있다. AI 플랫폼은 후보자들이 어려운 정치적 질문에 대한 답변을 연습하고, 상대방 스타일의 공격에 대응하는 연습을 할 수 있게 해준다. 이를 통해 후보자들은 더 자신감 있게 토론에 임할 수 있게 되었다.

그러나 AI를 활용한 연설문 작성에는 주의해야 할 점도 있다. AI가 생성한 내용을 그대로 사용하는 것이 아니라, 후보자의 개인적인 경험과 진정성을 반영하여 수정하고 보완하는 과정이 필요하다. 한 국민의힘 의원 관계자는 "후보자들이 AI의 도움을 받는다는 걸 굳이 밖에 알리진 않지만 내부적으론 이미 다양하게 활용하고 있다"며 "선거운동에 필요한 인력을 아낄 수 있다는 게 가장 큰 장점"이라고 말했다.

AI를 활용한 연설문 작성은 데이터 분석과 패턴 인식을 통해 유권자들의 관심사와 요구사항을 더 정확히 파악할 수 있게 해준다. 이를 통해 후보자들은 유권자들과 더 깊이 있는 소통을 할 수 있게 되었다. 예를 들어, AI는 특정 지역이나 연령대의 유권자들이 관심을 가지는 이슈를 분석하여 이를 연설문에 반영할 수 있다.

그러나 AI를 활용한 연설문 작성에는 윤리적인 고려사항도 존재한다. AI가 생성한 내용이 편향되거나 부적절한 내용을 포함할 수 있기 때문에, 이를 검토하고 수정하는 인간의 역할이 여전히 중요하다. 또한, AI 사용의 투명성 문제도 제기되고 있어, 일부에서는 AI 사용 여부를 공개해야 한다는 의견도 나오고 있다.

결론적으로, AI를 활용한 선거 연설문 작성은 효율성과 효과성을 크게 향상시킬 수 있는 강력한 도구이다. 그러나 이를 책임감 있게 사용하고,

후보자의 진정성과 개인적 특성을 유지하는 것이 중요하다. AI는 연설문 작성을 돕는 도구일 뿐, 최종적인 메시지와 전달 방식은 여전히 후보자의 몫이라는 점을 명심해야 할 것이다.

핵심 요약

AI는 연설문 작성에 있어 효율성과 일관성을 제공한다. 생성형 AI 도구는 후보자의 스타일과 메시지에 맞춘 연설문을 빠르게 작성할 수 있으며, 이는 시간과 비용을 절약하면서도 일관성을 유지하는 데 도움이 된다. 하지만 AI 생성 콘텐츠의 신뢰성을 확보하기 위해서는 인간의 검토가 필수적이다.

21.3

선거에서 AI 윤리와 올바른 활용법

AI 기술이 선거 캠페인에서 점점 더 중요한 역할을 하면서, 이의 윤리적 사용과 올바른 활용에 대한 논의가 활발해지고 있다. 여러 국가와 기관에서 AI의 책임 있는 사용을 위한 가이드라인과 규제를 마련하고 있다.

인도 선거위원회(ECI)는 2025년 1월, 선거 캠페인에서 사용되는 AI 생성 콘텐츠에 대한 라벨링을 의무화하는 권고안을 발표했다. 이는 유권자의 신뢰를 보호하고 정보에 입각한 의사결정을 돕기 위한 조치로, 인도가 AI 기술의 윤리적이고 책임 있는 사용에 앞장서고 있음을 보여준다.

미국에서는 2024년 8월 기준으로 16개 주가 정치 광고에서 AI 생성 콘텐츠의 사용을 규제하는 새로운 법률을 채택했다. 대부분의 주에서는 AI 사용을 완전히 금지하기보다는 AI 생성 콘텐츠를 포함한 광고에 이를 명확히 공개하도록 요구하고 있다.

연방 차원에서는 Amy Klobuchar 상원의원이 AI 관련 3개의 법안을 발의했다. 'AI 투명성 선거법'은 AI로 "실질적으로 생성된" 정치 광고에 "명확하고 눈에 띄는" 공개를 요구한다. '기만적 AI로부터 선거 보호법'은 선거에 영향을 미치거나 자금을 모집하기 위해 사용되는 연방 후보자의 "실질적으로 기만적인" AI 생성 콘텐츠를 금지하는 것을 목표로 한다.

연방통신위원회(FCC)는 AI 생성 음성을 사용한 자동 로봇 전화에 대해 더 엄격한 규제를 도입하려는 움직임을 보이고 있다. 이는 AI를 이용한 유권자 활동 억제 시도에 대응하기 위한 조치이다.

AI의 책임 있는 사용을 위해서는 몇 가지 핵심 원칙을 준수해야 한다. 첫째, 책임성과 투명성이 필요하다. 캠페인은 AI 생성 콘텐츠를 사용할 때 이를 명확히 공개해야 한다. 둘째, 개인정보 보호를 강화한 데이터 수집과 사용이 이루어져야 한다. 셋째, 편향 완화에 노력해야 한다. AI 시스템의 불공정한 편향을 모니터링하고 모든 인구 집단을 공평하게 대우해야 한다.

그러나 AI의 활용이 항상 긍정적인 결과만을 가져오는 것은 아니다. 딥페이크 기술을 이용한 허위 정보 유포, AI 생성 콘텐츠의 진위 여부에 대한 혼란, 정치인들의 AI 사용에 대한 투명성 부족 등의 문제가 제기되고 있다. 이에 대응하여 Meta와 같은 플랫폼은 정치 광고에서 AI 사용을 제한하고 공개를 요구하는 정책을 도입했다.

결론적으로, AI는 선거 과정에서 효율성과 유권자 참여를 개선할 수 있는 기회를 제공하지만, 동시에 오용의 가능성도 존재한다. 따라서 AI 시스템이 편향되지 않고 선거 결과를 불공정하게 영향을 미치지 않도록 보장하는 것이 중요하다. 또한 선거 과정에서 AI 사용을 감독하여 투명성과 책임성을 확보하는 것이 필수적이다.

AI의 책임 있는 사용과 윤리적 고려사항을 준수하면서 그 장점을 활용하는 균형 잡힌 접근이 필요하다. 이를 통해 우리는 AI 기술의 혜택을 누리면서도 민주주의의 근간을 지킬 수 있을 것이다.

핵심 요약

AI 기술의 사용은 윤리적 문제와 밀접하게 연결된다. 가짜 뉴스나 딥페이크 기술이 잘못 사용될 경우 신뢰가 훼손될 수 있으므로, 투명성과 책임감을 바탕으로 기술을 활용해야 한다. 따라서 선거 과정에서 AI를 활용할 때는 항상 윤리적 기준을 준수하고, 유권자의 신뢰를 유지하기 위한 노력이 필요하다.

활용 가이드

선거 준비를 위한 AI 활용

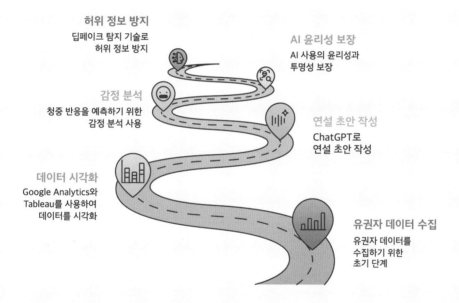

허위 정보 방지
딥페이크 탐지 기술로
허위 정보 방지

AI 윤리성 보장
AI 사용의 윤리성과
투명성 보장

감정 분석
청중 반응을 예측하기 위한
감정 분석 사용

연설 초안 작성
ChatGPT로
연설 초안 작성

데이터 시각화
Google Analytics와
Tableau를 사용하여
데이터를 시각화

유권자 데이터 수집
유권자 데이터를
수집하기 위한
초기 단계

여론조사 및 데이터 분석

Google Analytics와 Tableau로 유권자 데이터를 시각화하여 주요 이슈와 트렌드를 파악한다.

연설문 작성 및 콘텐츠 최적화

ChatGPT로 연설문 초안을 작성하고 감정 분석 도구로 청중 반응을 예측하며 메시지를 최적화한다.

윤리적 AI 사용 및 투명성 확보
모든 AI 생성 콘텐츠에 출처 표기를 명시하며, 딥페이크 탐지 기술로 허위 정보를 방지한다.

실행 체크리스트
데이터 기반 의사결정을 통해 캠페인 전략을 수립하고, 윤리적이고 투명한 방식으로 AI 기술을 활용해 신뢰도를 유지한다.

AI 기반 브랜드 평판 관리

에필로그

디지털 시대의 중심에서 평판 관리는 단순한 이미지 관리의 차원을 넘어, 개인과 기업의 생존과 지속 가능성을 결정짓는 핵심 전략으로 자리 잡았다. 이 책은 브랜드 평판 관리와 퍼스널 브랜딩의 모든 측면에서 AI 기술이 어떻게 혁신적인 가능성을 제공하는지를 탐구하며, 독자들에게 실질적인 실행 방안을 제시했다. 이제 우리는 이 여정을 마무리하며, AI 기반 평판 관리가 우리에게 던지는 중요한 메시지와 앞으로 나아가야 할 방향을 되돌아보고자 한다.

AI는 단순히 데이터를 처리하고 분석하는 도구가 아니다. 이는 신뢰와 투명성을 강화하고, 위기 상황에서 빠르게 대응하며, 개인과 기업이 자신의 고유한 가치를 강조할 수 있도록 돕는 동반자다. AI는 소셜 미디어와 리뷰 데이터를 분석해 대중의 감정을 예측하고, 이를 기반으로 맞춤형 메시지를 설계한다. 또한, 딥페이크 탐지 기술과 윤리적 AI 사용 사례는 신뢰를 회복하고 공정성을 유지하는 데 기여한다. 이러한 기술은 단순히 시간을 절약하는 것을 넘어, 평판 관리를 데이터 기반 과학으로 전환하며 효율성과 정확성을 극대화한다.

개인에게도 AI는 새로운 가능성을 열어준다. 조연심의 7D 퍼스널 브랜딩 모델은 Discover Myself(정체성 발견)부터 Dynamize(지속 가능한 운영)까지 체계적이고 반복 가능한 구조로 설계되었다. 이는 개인이 자신의 강점과 약점을 명확히 파악하고, 이를 기반으로 차별화된 브랜드를 구축하며, 지속 가능한 성장을 목표로 한다. 예를 들어, 한 은퇴 공무원은 Notion AI를 활용해 자신의 경력과 성과를 체계적으로 정리한 포트폴리오를 제작했고, 이를 바탕으로 강연 요청을 받아 새로운 커리어를 시작했다. 이러한 사례는 디지털 시대에서 개인 브랜드 관리가 얼마나 중요한지를 보여준다.

기업에는 AI가 글로벌 시장에서 경쟁력을 강화할 수 있는 도구로 작용한다. RepTrak 데이터는 ESG(환경·사회·거버넌스) 활동이 브랜드 신뢰와 투자 유치 가능성을 높이는 데 중요한 역할을 한다고 강조한다. AI는 ESG 활동 모니터링에서도 활용되며, 기업이 환경적·사회적 책임을 다하고 있음을 투명하게 보여줄 수 있도록 돕는다. 또한, 메타버스와 같은 새로운 디지털 공간에서 브랜드 경험을 설계하는 데도 AI는 필수적인 역할을 한다.

그러나 AI 기술의 활용에는 윤리적 문제와 투명성 확보라는 과제가 따른다. 스페인 바르셀로나 시의회 선거에서는 AI 생성 콘텐츠가 사실과 다르게 편집된 사례가 드러나며 큰 논란을 일으켰다. 이러한 사건은 AI 기술의 책임감 있는 사용과 규제의 필요성을 강조한다. 기술은 도구일 뿐이며, 최종 결정은 인간의 손에 달려 있다. 따라서 우리는 AI를 활용하면서도 인간 고유의 진정성과 윤리적 기준을 유지해야 한다.

이 책은 독자들에게 단순히 정보를 제공하는 것을 넘어, 디지털 시대에서 자신만의 경쟁력을 갖출 수 있는 실질적인 방법을 제안했다. 데이터 기반 의사결정부터 글로벌 브랜딩 전략, 그리고 메타버스에서의 브랜드 경험 설계까지 다양한 주제를 다루며 독자들이 자신의 상황에 맞는 전략을 적용할 수 있도록 돕고자 했다. 성공적인 사례들은 모두 데이터 중심 접근법과 맞춤형 콘텐츠 전략이 결합된 결과였다.

마지막으로 독자들에게 질문을 던지고 싶다. 디지털 시대에서 당신은 어떤 브랜드로 기억되고 싶은가? 그리고 AI 기술을 활용해 당신의 평판 관리를 어떻게 혁신할 것인가? 이 책은 이러한 질문들에 대한 답을 찾기 위한 출발점이다. 이제 당신 차례다. 이 책에서 배운 내용을 바탕으로 자신의 브랜드를 정의하고, 이를 기반으로 지속 가능한 성장과 신뢰를 구축해 보자. 디지털 시대는 도전과 기회의 장이며, 그 중심에는 바로 당신이 있다.

결론적으로, AI 기반 평판 관리는 개인과 기업 모두에게 새로운 가능성과 도전을 제공한다. 신뢰와 투명성이라는 본질적인 가치를 지키면서도 기술 혁신을 적극적으로 수용하는 것이 성공적인 평판 관리의 열쇠다. 이 책이 독자들에게 그러한 여정을 시작할 용기와 방향성을 제공하길 바란다.

참고문헌

Capriotti, P. (2009). "The Importance of Stakeholders for Corporate Reputation." Engineering Economics, 20(1), 78-85.

Cheng, Nelson, and Hsu (2015). "Functional Neuroimaging and Machine Learning in Brand Personality Perception." Journal of Consumer Research.

Dennis F. Kinsey & Myojung Chung (2020). "National Image of South Korea: Implications for Public Diplomacy." Syracuse University Research.

Ham, S., & Jun, S. (2008). "Cultural Symbols and Corporate Image Effects on Country Image." Asia Marketing Journal, 20(1), 69-85.

Jelonek, D., Kumar, S., & Pawełłoszek, M. (2024). "Artificial Intelligence Applications in Brand Management." Management Papers.

Kim, Sang Mook; Kim, Joo Nam; and Park, Min Jae (2018). "A Study on Linking Korean Wave and Corporate Image on Country Image." Asia Marketing Journal, 20(1), Article 4.

Matuleviciene, M., & Stravinskiene, J. (2009). "The Importance of Stakeholders for Corporate Reputation." Engineering Economics.

Özbeyaz, R. (2021). "Consumer Reactions to Branded Stimuli Using Neurocomputing." Journal of Neuromarketing Research.

Procter & Gamble AI Case Study (2023). "AI in Brand Management: Enhancing Consumer Engagement."

Van Riel, C.B.M., & Fombrun, C.J. (2007). Essentials of Corporate Communication: Implementing Practices for Effective Reputation. Routledge.

Moon Hyo Jin (2007). "기업 아이덴티티와 평판의 관계에 관한 연구." 성균관대학교 박사학위 논문.

Sim In (2011). "대통령의 평판 요인에 관한 연구." 성균관대학교 박사학위 논문.

Dowling, G.R. (2001). Creating Corporate Reputation: Identity, Image, and Performance. Oxford University Press.

Fombrun, C.J., & Van Riel, C.B.M. (2004). Reputation: Realizing Value from the Corporate Image. Harvard Business Review Press.

Kotler, P., & Keller, K.L. (2016). Marketing Management. Pearson Education.

Maxwell, J.C. (2003). The 21 Irrefutable Laws of Leadership. HarperCollins Leadership.

Schultz, H., & Gordon, J.Y. (2011). Onward: How Starbucks Fought for Its Life without Losing Its Soul. Rodale Books.

Ministry of Culture, Sports and Tourism Korea (2019). "Results of 2019 KOCIS survey on Korea's national image announced."

ORBi Research Archive (2020). "Some Reflections on Generative AI and Its Effect on Brand Value."

Texila Journal of Academic Research (2024). "Managing Corporate Reputation and Stakeholder Relations Using AI."

외국어 용어 정의 (알파벳순)

AI (Artificial Intelligence): 인공지능, 데이터를 학습하고 의사결정을 지원하는 기술.

ARMY: BTS 팬덤을 지칭하는 명칭으로, 팬덤 기반 커뮤니티를 통해 K-팝의 글로벌 확산에 기여.

Brand Authority: 소비자에게 신뢰와 권위를 전달하는 브랜드의 능력.

Brand Identity: 브랜드를 구별 짓는 시각적, 언어적 요소.

Brand Monitoring: 브랜드 언급을 추적하여 긍정적·부정적 의견을 분석하는 과정.

Brand Reputation: 소비자들이 브랜드에 대해 가지는 전반적인 인식과 신뢰도.

Crisis Management: 위기 상황에서 평판 손상을 최소화하기 위한 전략 및 실행 과정.

CSR (Corporate Social Responsibility): 기업의 사회적 책임 활동, 브랜드 신뢰를 강화하는 데 기여.

Customer Experience (CX): 고객이 브랜드와 상호 작용하며 경험하는 모든 접점에서의 인식과 감정.

Data-Driven Decision-Making: 데이터를 기반으로 전략과 의사결정

을 내리는 접근 방식.

Digital Communication: 디지털 플랫폼을 통해 이해관계자와 소통하는 과정.

ESG (Environmental, Social, and Governance): 환경, 사회, 거버넌스를 고려한 지속 가능한 경영 원칙.

Freemium: 기본 서비스는 무료로 제공하되, 고급 기능은 유료로 제공하는 비즈니스 모델.

Influencer Marketing: 소셜 미디어 영향력을 가진 인플루언서를 활용하여 브랜드를 홍보하는 전략.

K-Content: 한국의 음악, 영화, 드라마 등 글로벌 시장에서 확산되고 있는 콘텐츠.

K-Culture: 한국 대중문화(K-팝, 드라마 등)를 지칭하며 국가 이미지 강화에 기여하는 요소들.

Online Branding: 온라인 플랫폼에서 일관된 브랜드 이미지를 구축하는 과정.

Online Presence: 웹사이트, 소셜 미디어 등을 포함한 온라인상에서의 존재감과 가시성.

Reputation Management: 브랜드 평판을 모니터링하고 유지하며 개선하기 위한 모든 활동과 전략.

Reputation Score: 리뷰 및 온라인 언급 등을 기반으로 평판 상태를 수치화한 지표.

Social Listening: 소셜 미디어에서 브랜드 관련 대화를 모니터링하고 분석하는 활동.

Thought Leadership: 특정 분야에서 신뢰받는 전문가로 자리 잡기 위한 콘텐츠 제작 및 활동 전략.

Transparency Reports: 기업의 활동과 정책을 투명하게 공개하는 보고서 형태의 문서화 작업.

Trust Index: 소비자와 이해관계자들이 브랜드에 가지는 신뢰도를 측정한 지표.

**AI 기반
브랜드 평판 관리**

발행일 : 2025년 3월 24일

—

지은이 : 박홍식, 김광수, 조연심, 정진혁
펴낸이 : 김채민
펴낸곳 : 힘찬북스

—

주 소 : 서울특별시 마포구 모래내3길 11 상암미르웰한올림오피스텔 214호
전 화 : 02-2227-2554
팩 스 : 02-2227-2555
메 일 : hcbooks17@naver.com

—

ISBN 979-11-90227-55-1 03370 © 2025 by 박홍식, 김광수, 조연심, 정진혁